井上章一

JN219568

日本の醜さについて

都市とエゴイズム

GS 幻冬舎新書

497

まえがき
誰も言わない日本の姿

とっぴょうしもないと思われそうなことを、これから書く。世間の常識からは、けっこうずれる話になる。その点は、あらかじめおことわりをしておこう。

人前では、何度かしゃべったことがある。会話の折などには、話題としてもちだしたりもしてきた。たいていの人は、これに意表をつかれるらしい。あなたが言うようには、考えたことがないし、誰も考えてこなかったんじゃあないか。以上のような感想をよくもらう。

違和感をいだかれることも、ないではない。論旨はのみこめるが、なんだかだまされたような気もする。どこかで、議論をすりかえているんじゃあないか。そんな反応も、しばしばもらってきた。

私は自分の見方に、自信をもっている。ただ、それが世の一般通念に背をむけていることも、自覚はしてきた。聞かされた人たちが、びっくりすることも、だからよくわかる。

否定的な応答のあることも、自分なりにうけとめてきた。言葉をじゅうぶんにつくせない口頭でのやりとりだから、それもやむをえないかな、と。

さいわい、今回は自分の考えを文章に書いてあらわす機会が、あたえられている。断片的に言いちらかすのではなく、きちんとまとめてつたえる場を、ちょうだいした。ありがたいことである。

読んでもらえれば、了解していただけよう。私が人を煙《けむ》にまきたい一心で、書いているわけではないことを。あるいは、話が理にかなっていることも。そう信じて、この文章は書きだすことにする。

さきほど私は、これから世間の常套的な物の見方にはむかうと、見得をきった。では、いったい何に、私は異をとなえようとしているのか。

読者は、日本人の性格について、こんな話を聞かされたことがあるだろう。いわく、日本人には強い自我がない。欧米人とくらべれば、自己主張は苦手である。討論の場へおかれた時も、自分の考えを、はっきり主張しようとはしない。逆に、全体の気配をさっして、自分の立ち位置をさぐろうとする。場の雰囲気にながされる、いわゆる空気を読もうとする、その傾向がいちじるしい。

良く言えば、調和を重んじる。悪く言えば、主体性がない。社会科学めかしてあらわせば、集団主義的な性質を日本人はおびている。逆に、欧米人は個人主義的であるという。以上のような日本人論を、われわれはしばしば耳にする。それが、俗耳になじんだ、ひとつの定型的な物言いとなってきた。

聖徳太子があんだとされる十七条憲法の第一条を、議論へもちこむ者さえいなくはない。「和をもって貴しとなし、忤《さから》うこと無きを宗《むね》とせよ」。冒頭におかれたこの決まり事は、諸豪族のいがみあいをおさえようとしていたろう。そんな文句を、日本人論の文脈へひっぱってくる指摘も、けっこう流布している。そもそも、日本人は「和をもって貴し」とする民族なんだ、と。

私があらがおうとするのは、今のべたような日本人観である。私は若いころから、この見方がある現実をとらえそこなっていると、考えてきた。老齢をむかえた今日、その違和感はつもりつもって、あふれださんばかりになっている。これからつづく本文では、そんな私の想いを書きつけたい。

日本の醜さについて／目次

第三章 ホテルにならない日本の城 57

写真（P53） Hᴇᴛ 大阪建築（www.hetgallery.com）
Hiromitsu Morimoto
DTP 美創

第一章 日本人の協調性？

日本人論のなかの日本人

日本人は、欧米人にくらべ集団主義的であると、よく言われる。だが、個人主義者と集団主義者の割合を、民族ごとにわりだすことはむずかしい。企業や官庁などの会議を見くらべ、個人の主張がうかびあがる度合いを計量する。そうすれば、統計的にこの問題を論じることも、できようか。しかし、公平な観察をへて妥当な数値をみちびきだすのは、困難である。すくなくとも、今の私にその作業をするゆとりはない。

じつは、こういうテーマへいどんだ実証的な分析も、けっこうこれまでになされてきた。アンケート調査や心理実験のこころみが、いくつもくりかえされている。個人主義や集団主義へかたむく、その民族差がひねりだされてこなかったわけではない。数字の裏付けをともなう結果がだせたと主張する研究は、意外なほどたくさんある。

しかも、それらは日本のみならず、世界各地で実施されてきた。日本人研究者をふくむ、国際共同研究の例もある。個人主義と集団主義の問題には、世界中が興味をよせてきたのである。

私は、しかしこれらの調査がどこまで「実証的」でありえるのかを、うたがう。ごくろうな仕事だなと、敬意をはらう気分がないわけではない。だが、民族ごとの違いを過不足なくくみとれているとは、思えないのである。

ねんのため、こういった調査がしめす日本人像のあらましを、紹介しておこう。多くの研究は、日本人がよく言われるほど集団主義的でないことを、あかしだてている。そここには個人主義的であることも、見いだしてきた。

いったい、どういう調べ方をしたら、そういう結論へたどりつけるのか。その具体的な手続きをおしえてほしいという読者は、いるかもしれない。

そういう方には、高野陽太郎の『「集団主義」という錯覚』（二〇〇八年）をすすめよう。これまでの調査例を、心理学者がてぎわよく説明している本である。実証的とされる研究の多くが、日本人の集団性に否定的であることも、読めばよくわかる。

もちろん、観念的な日本人論の論じ手には、個人主義の弱さをうったえる者が多い。そもそも、戦後の社会科学じたいが、そのもろさをあげつらいつづけてきた。西欧は近代的な自我をはぐくんだが、日本はそれをそだてなかったというように。

「集団主義というのが日本人の不変の社会的―文化的特性でありつづける」。たとえば、社会学者の富永健一が、斯界《しかい》の第一人者だが、そう書いている（『日本の近代化と社会変動』一九九〇年）。これは、今でも日本における社会学者たちの一般的な見解になっているだろう。

ただ、実験をともなう心理学の分野では、この通念が否定されている。そのこともひとことのべそえたくて、高野の本を紹介した。もっとも、私はそうした実証研究の有効性じたいを、信じていないのだが。

街の形を見くらべて

欧米は、日本とちがい、近代的な自我をふくらませてきたと、よく言われる。そのめばえを西欧史のなかにさぐるいとなみは、思想史研究の常套になっている。日本の学界でも、その探究は人文学の王道をゆくそれだと、みなされてきた。

そんなヨーロッパの、古くからある都市をあるくと、いやおうなく気づかされることがある。パリでもローマでも、ウィーンでも、どこだってかまわない。たいていの街が、古びた建物をそのままつかいつづけている。そのことは、街を一目見わたせば了解されえよう。

いや、それだけではない。街区をなりたたせている建造物群は、たがいに似かよっている。色や形、そして大きさなどがそろった建物のならぶ様子も、見てとれる。

そのため、日本からはじめていった旅行者は、道にまよいやすくなる。同じような建物がつらなるため、自分がどこにいるのかをしばしば見うしなう。それで、迷子になってしまったという経験のある日本人観光客は、すくなくないだろう。

日本の都市では、ビル街を構成する建物の構えが、ひとつひとつちがっている。東京でも大阪でも、隣と同じ形状のビルをそろえた街区は、ほとんどない。建物の形は、それぞれ個性的である。ほとんど近所の様子などを気にせず、自分たちの事情だけでそれらはできている。個性がきわだつ度合いは、日本のほうが、はるかに高かろう。

ヨーロッパの都市建築には、全体のなかで自らをめだたせようとする志《こころざし》が、あまりない。街並のなかにとけこむよう、個々の建物はつとめている。街としてのまとまりを、なるべくみださないようにしよう。そんな想いが街をおおっているかのような都市景観に、あちらはなっている。市中できわだつのは、モニュメンタルによそおわれた教会ぐらいだろう。

建築表現にかかわる地権者や建築家の自我が、ぞんぶんに開花しているとは言いがたい。ビルの意匠は、個々の輝きより集合的な一体感を重んじる格好で、あんばいされている。その意味で、彼地《かのち》の街並は集団主義的に構成されていると、みなしうる。

「対話」する建物たち

じじつ、ヨーロッパの都市では建築家の自由な表現が、なかなかゆるされない。とりわけ、古くからつづいている伝統的な都市では、それが強く規制されている。

市中に新しく建物をもうけようとする者は、あちらでもその図面を当局へ提出する。そして、建設の許可をもらうこととなる。ただ、ヨーロッパの場合は、街の建築委員会による意匠の審査も、うけなければならない。外観の形をきびしくしばる同委員会の許可がなければ、建設はみとめられないのである。そのため、じゅうらいの街並をそこないかねない表現は、なかなか街にあらわれない。

もちろん、日本でも新築の場合は、役所へ確認申請の書類と図面をだす必要がある。そして、役所の担当者は、申請された物件の安全性などをきびしくしらべることになる。

ただ、日本の役所がいちばんこだわるのは、もっぱらそこである。耐震性はだいじょうぶか。火災時の避難経路は、ちゃんとできているか。人命にかかわるそういうところでは、そうとうしつこく、役所も申請者を問いつめる。

しかし、意匠的な側面には、あまり口をはさまない。となりの建築と調和がとれているかどうかは、ほとんど問題にもならないだろう。ビルの色や形は、地権者や建築家の自由に、ほぼゆだねられているのである。

オフィスビルには、ガラスの壁でおおわれた例が、ままある。ああいう外観にたいしてなら、行政による変更の要請もおこりうる。道路事情いかんによっては、太陽の反射光がドライバーのさまたげになるからである。とはいえ、それも意匠上の調和をおもんぱかっての規制では、ありえない。安全を第一に考えての行政指導である。

京都のような観光都市では、いくらか景観規制がある。とくに、このごろはその抑制ぶりが、以前よりうるさくなってきた。しかし、パリやフィレンツェとくらべれば、建設者側の自由をみとめる度合いは強い。どちらも京都の姉妹都市だが、今でも京都とのへだたりは圧倒的である。

アメリカの都市は、ヨーロッパより表現上のしばりが弱くなっている。それでも、ボストンやフィラデルフィアなどは、街並の調和をそれなりにもとめてきた。

ビルのならぶ街区では、隣接するビルどうしが、デザイン上の対話をこころみている。たぶん、後でたったビルが、前からあるビルに気をつかい、挨拶をしているのだろう。そう想わせる場所は、アメリカの都心でもよく見かける。まあ、ラスベガスのように、てんでんばらばらなビルのあつまる街も、なくはないが。

いずれにせよ、欧米の都市建築は、都市景観のなかに埋没しがちである。もちろん、個々の自己主張も、まったくないわけではない。だが、それも街並をみださない範囲で、こころみられるにとどまる。とりわけ、ヨーロッパの伝統的な都市に、その傾向ははっきり読みとれよう。

めだちたがりの建築群

くらべれば、日本の都市建築は、表現面でみとめられる自由度が、そうとう大きくなっている。じっさい、街並を読みとり、その気配にあわせようとするビルは、ほとんど見かけない。たいていの建築は、建設サイドの都合だけに心をくだいて、くみたてられている。

この点に関するかぎり、自我をおしとおしているのは、日本のほうである。ヨーロッパは、そのエゴイズムを基本的にみとめない。地権者と建築家の自己主張については、これをきびしくおさえつけてきた。建築に関しては、ヨーロッパのほうが、はるかに集団主義的である。個人主義的なのは日本だと、そう言わざるをえない。

今私がのべたようなことは、あちらとこちらの都市を見くらべれば、すぐわかる。個人主義の発達にかかわるこむずかしい文献は、ひとつも読む必要がない。デリケートな心理学の実験も、不要である。とにかく、街をざっとながめれば、それだけで一目瞭然なのだから。

にもかかわらず、とあえて書く。この誰が見てもあきらかな違いにもとづいて、日本人論を展開した人は、ひとりもいない。

都市と建築を比較するかぎり、自我の肥大化を肯定したのは日本である。欧米、とりわけヨーロッパでは、それをおしとどめようとする力が、強くはたらいた。「和をもって貴し」とするような景観をこしらえたのは、あちらのほうである。日本の都市建築は、まわりの空気を読もうともしない。全体の「和」などは、歯牙にもかけてこなかった。

以上のように論じた日本人論を、私はひとつも読んだことがない。観念的な社会学畑の論じ手は、ひたすら日本人の弱い自我ばかりを、語ってきた。実験や調査を重んじる研究者は、日欧にたいした差はないと、論じつづけている。一目でわかる都市景観の違いからは、目をそむけて。

冒頭でもふれたように、私のこういう話しっぷりでたじろぐ人は、すくなくない。しかし、ある社会学者からは、こう言いかえされたこともある。

都市や建築が国民性をおしはかる素材になると、これまでは思われてこなかった。それは、やはり建築などが語るにあたいしないと、みなされてきたからだろう。井上が日本人の強い自我を建築で論じたいのなら、手はひとつしかない。建築は国民性などを語る重要な目印になると、みんなをときふせる必要がある。それができないかぎり、井上の話は説得力をもちえない、と。

せつない助言である。みなさん、建築をあなどらないで下さい。そこには、日本人の性質をおしはかる、ある重要な鍵がひそんでいるのです。そううったえつづけなければならないのだとしたら、それはじつにむなしい作業である。私はそういうことに、自分の情熱をそそぐ気がおこらない。

だが、つぎのようには、言ってみてもいいと思っている。

日本人を論じる材料として、建築はないがしろにされてきた。だが、これからは、あえて都市の風景にこだわる。そうすれば、今まで気のつかなかった何かが、見えてくるだろう。たとえば、全体的な調和などを気にしない、日本人の意外な主体性などが。

余談だが、私の知っている西洋人たちは、しばしばこんな感想をつたえてくれる。日本を論じた本で、日本人は集団主義的なんだと、来日前に信じこまされてきた。でも、日本へきて街並を見ると、どうしてもそんなふうには思えない。みんなばらばらの、個人主義的な建物がむらがっているという印象を、いだかされる。こんな日本の、いったいどこがどう集団主義的だと言うの。西洋のほうが、よほど集団主義的にできているよ、と。日本人論の書き手とくらべれば、彼らのほうがより建築に気をとめているということか。そして、私の感性も、どうやら彼らに近いようである。まあ、これは私が若いころに建築学をまなんだせいだと、思うのだけれども。

明治維新の建築革命

きままな形の建物が、日本の都市ではてんでにあつまっていると、ここまで書いてきた。しかし、江戸期まで時代をさかのぼると、様子はちがってくる。旧幕時代の諸都市は、けっこうととのった街並をかたちづくっていた。どの街区でも、たがいに似かよった形の建物が、軒をつらねていたのである。

幕府に、美しい街並をつくろうとする意欲が、あったからではない。当時の為政者は、あまりそういうことに、心をくだいていなかった。ただ、身分と格式には、たいそうこだわっている。

たとえば、町人が背の高い二階建の家屋でくらすことを、いやがった。二階がこしらえ

虫籠格子を入れた窓（虫籠窓）

られることじたいを、否定したわけではない。ただ、その二階で町人がくらすことは、はねつけた。ロフトのような、天井が低く、人のすごしづらい二階だけを、うけいれたのである。

町人ふぜいが、上から武士を見おろすのは、好ましくないということか。いずれにせよ、二階の表通りに面した側を虫籠《むしこ》格子《ごうし》とした町家が、これでなりたった。そして、町人地では、そうした家々が家並を形成したのである。同じ形式の町家が道の両側にならぶ、集団的なまとまりのある街並を。

くりかえすが、整然とした都市景観をいとなみたいとねがったからではない。第一にあったのは、家づくりでも、身の程をわきまえさせようとする秩序意識である。調和のとれた街並は

歌舞伎座入口の唐破風造り（東京・銀座）

その副産品、派生物だと言うしかない。

幕府がたもってきたこういう家作制限の決まりは、明治維新でなくなった。明治以後は、一般人が大名屋敷風の家屋をもうけても、とがめられなくなっていく。

唐破《からは》風《ふ》とよばれる屋根飾りを、ごぞんじだろうか。正面からながめれば、凹凸凹《おうとつおう》のシンメトリカルな反転曲線で構成されている。祭りの山《だ》車《し》などで、頂部をおおう屋根の飾り付けが、それになる。あるいは、歌舞伎座の玄関飾りなども。

かつては、ある格式をもった大名屋敷でしか、表側にあしらうことがゆるされなかった。だが、明治以後は、それが市中の平民的な施設にも普及する。たとえば、銀行にもとりいれられた。

以前なら、金貸しふぜいの店でしかなかった金融機関の建築にも、伝播したのである。

建築の表現に関するかぎり、維新はブルジョワ革命をもたらしたと言ってよい。町人が町人という身分の枠からときはなたれ、家作の自由をもつ市民となる。そういう意味での革命がおこったと、私は見る。建築の形式を、身分や分際で固定化させた旧秩序は、雲散霧消した。

その延長線上に、やがては町人、いや市民が西洋建築をたてはじめる。木造の町家がならぶ街区へ、石やレンガの大きな建物を、はめこんでいった。江戸時代以来の調和的な街並に、異物と言ってよい洋館を挿入する。そうした営為を、あちこちでくりかえしてきたのである。

もちろん、異質な西洋建築の出現は、旧来のととのった街並を、つきくずしただろう。旧幕時代の秩序だった景観は、だいなしになったと思う。しかし、全体の調和をみだし、ひとり屹立《きつりつ》する新しい建築の姿は、進歩的に見えた。格好よくうつったのである。だからこそ、錦絵や絵葉書の画題にも、しばしばとりあげられた。

てんでに自己主張をする建築群が、市中へ無秩序に配される。この今日的な光景は、今のべた革命の延長線上にある。建築では我をはることが、新時代の到来をつげているように思えた。全体のなかでうきあがることが、かがやかしく見えた。そんな明治以後の感受性が、そのまま現在もたもたれているのだと考える。

調和するヨーロッパ

あるていどは建築表現の自由をみとめた、そのおかげでもあるだろう。日本が近代化に成功し、いわゆる高度成長もなしとげることができたのは。

経営がうまくいっている、調子のいい企業を、想いうかべてほしい。こういう会社は、しばしば社屋の増床をもくろむだろう。オフィスや工場、あるいは売り場面積の拡大を、検討しはじめるにちがいない。となりの土地を買いとり、自社ビルの増築部分にあてようとする場合だって、ありうる。

そして、日本では、まわりがそれをとがめない。あの会社は順調なんだな、うらやましいなと、肯定的にうけとめられるだろう。

だが、ヨーロッパの古くからつづく都市では、それをなかなかゆるさない。街並をみだすような新しい建築の登場を、基本的にはうけつけないのである。新築であっても、歴史的にたもたれた形式のなかにおさまることが、もとめられる。かってな肥大化は、そしてエゴイズムの発露も、みとめてもらえないのである。

そう、ヨーロッパでは景気のいい企業にも、街並の保存という足枷《あしかせ》をはめようとする。経済の足を、たがいにひっぱっているのである。その様子は、旧幕時代の建築規制を、どこかしのばせなくもない。

戦後日本の社会科学は、ヨーロッパに近代化の典型を、見つづけた。あちらに、その純粋な形があり、日本のそれはゆがんでいる、と。丸山眞男が、大塚久雄が、そういった物言いをまきちらかしてきた。あるいは、そのエピゴーネンたちも。

ここでも、私は思う。ああ、彼らも都市景観のことは、見すごしてきたのだな、と。じっさい、街並に関するかぎり、より近代的な方向へむかったのは日本のほうなのである。保守的な景観意識で、経済の活性化をさまたげないように、と。

まあ、そのおかげで、日本の都市は景観上の調和がなくなった。ヨーロッパのほうが、美しい街並を維持している。私じしん、目がなごむのは、あちらにいる時である。日本へかえると、秩序のない都市の光景に、しばしばげんなりする。

しかし、どちらが近代化を強くめざしてきたのかは、あきらかである。地権者の自我を解放し、建築家の造形的な主体性をあとおしする。都市が、個人主義的な表現のむらがる、雑然とした集合場所になることを、いとわない。経済の発展をじゃまだてするような景観規制は、できるだけほどこさないようにする。

そういう近代化の途をあゆんだのは、日本である。丸山や大塚あたりに、何をどう言われようが、ヨーロッパはそこまでふみこめていない。あいかわらず、多くの都市が歴史的な街並を、まもりつづけている。絶対王政期あたりに根っ子のある景観を、維持してきた。日本の大都市は、封建時代の姿を一掃しえたのに。

パリに出現したハイテク建築

もちろん、ヨーロッパの古い街でも、都心に異形の現代建築をみちびきいれることはある。

たとえば、パリ。代表的な古都だが、一九七七年には街の中央へ、きわだつハイテク建築をたてている。ボーブール通りの美術館、ポンピドゥー・センターがそれである。外観は工場のようであり、周囲の歴史的な街並とはなじまない。まわりに、喧嘩をうっているような印象もただよう施設である。

セーヌ川ぞいのアラブ世界研究所（一九八七年竣工）も、パリでは異彩をはなつ。セー

ポンピドゥー・センター（フランス・パリ）

ヌへ身をのりだしているかのように見える大蔵省の新庁舎（一九八八年竣工）も。

ああいった建物の出現を、しかしパリの建築委員会が、あっさりみとめたわけではない。それらは、大統領令という強権の発動で、なりたった。建築委員会の審査をへない、例外的な建物なのである。日本のように、それが常態化しているわけでは、けっしてない。

ただ、二一世紀にはいり、ヨーロッパの建築規制は、だんだんゆるみだしている。街の目抜き通りに、とんがった現代建築をおくケースは、パリのみならずふえだした。

このまま、古い街並をまもっているだけだと、ヨーロッパは博物館になってしまう。

時には、新しい建築の息吹も、街にふかせなければならない。そんなあせりも、このごろのヨーロッパ各都市は、いだきだしているようである。

言葉をかえれば、ようやく都市景観の近代化をこころがけだした。日本が明治時代から舵をきった方向へ、今ごろになってのりだしたと、言えなくもない。ふたたび言いまわしをかえれば、景観の調和がみだれ、街が不細工になっていく途へ。

さいわい、フィレンツェやヴェネツィアの中心街区に、まだその徴候はない。私は無責任な旅行者の立場から、その温存をねがっている。日本のようにはなるな、とも。市中の各建築には、自我をときはなってほしくない。いつまでも、集団主義のなかに己《おのれ》を埋没しつづけてもらいたいものである。「和をもって貴し」とする精神は、もうこういう街にしか期待できないのだから。

第二章 靴をはいたまま、ベッドに横たわれるか

きえた応接間と虚栄心のゆくえ

本が売れなくなったと言われだして、ひさしい。

電車のなかでも、本や雑誌を読んでいる人は、あまり見かけなくなった。今は、多くの乗客がスマートフォンなどにむきあっている姿を、よく目にする。車中の手遊《てすさ》びが、活字から電子媒体へかわっていったことを、思い知る。

そう言えば、このごろは子どもも車窓の景色を、ほとんどながめなくなった。以前は座席の上で後向きにすわり、外を見つめる児童が、よくいたものである。しかし、彼らもまた、このごろは車中でゲームなどに興じている。車外の風景に興味をもつ少年少女は、よほど少なくなってきた。

どうやら、世代をこえて、電脳化の勢いは人びとの脳裏を席巻しているようである。

しかし、本が売れなくなっているのは、そのせいだけでもないだろう。活字が電子媒体におくれをとったということでは、語りつくせないような気がする。じっさい、出版産業は、いわゆるＩＴ革命がはじまる前ごろから、停滞しだしていた。

私は住宅事情のうつりかわりも、本の売り上げをおとしたと考える。とりわけ、文学全集や思想叢書《そうしょ》など、教養面に特化した出版物を。

一時期、中流以上の持ち家住宅は、その多くが家のなかに応接間をもうけていた。来客をむかえるために、とくべつの洋間をおいていたのである。ソファーとテーブル、そして、ガラスの扉があるような書架もそなえつけた部屋を。

古典文学や漱石、鷗外などの全集は、そのインテリア用品にもなっていただろう。あるいは、大部《たいぶ》な百科事典なども。応接間の主人は、そうした出版物をかざって、来客に見栄をはることができたと思う。

教養書の営業をうけおった人びとも、応接間のある中流住宅を、ねらっていた。個別訪問におよぶ売り込みだって、なかったわけではない。お宅ぐらいの家だと、このくらいの本はおいておかなければ、体面にかかわりますよ。そんな御機嫌取りの文句も、まじえつつ。

ついでにのべそえれば、アップライトのピアノも、にたような営業で普及した。高度経済成長期の教養主義商品は、応接間によってもささえられていたのである。

しかし、今日、新築の家に応接間をしつらえることは、まずない。そもそも、たがいの家をおとずれることじたいが、少なくなってきた。来客への応接ではなく、家族のつどうリビングに、今の家づくりは心をくだいている。

言葉をかえれば、応接間であらわにされてきた虚栄心は、行き場をうしなった。知的な全集や叢書を、見せびらかす場所がなくなったのである。それらが売れなくなった理由のひとつとして、応接間の消滅ははずせない。まあ、住宅の間取りにマーケティング上の関心をよせた出版社は、ほとんどなかろうが。

パナホームのねらい

家電メーカーのパナソニックは、パナホームという商品化住宅をてがけている。どうして、電化製品の会社が住宅を売るようになったのか。その点は、なかなかピンとこないというむきも、いるかもしれない。

冷蔵庫や洗濯機を買った消費者は、たいていこれらを家のなかにおく。家電製品は、住宅内のしかるべき場所に、そなえつけられることとなる。家電メーカーにしてみれば、すまいは自社製品の最終的な置き処にほかならない。あるいは、商品がストックされる倉庫と言うべきか。

パナソニックは、この納品先を自らつくりだしたのである。くりかえすが、住宅は自社の家電製品がおさまるかもしれない収蔵施設であった。そういう大事な場所の形を、一般工務店の都合で左右させるわけにはいかない。冷蔵庫などが、こわれるまで保管されるところは、メーカー側でしつらえるべきだろう。以上のような思惑もあって、この会社は住宅販売にものりだしたのである。

じっさい、パナホームは、パナソニックの製品をおきやすくしてあった。同社の製品が、家のなかにゆきわたる、そのことをねらった事業だと言うしかない。あるいは、他社製品をもちこみにくくさせるための戦略であったと、言うべきか。

いずれにせよ、家電メーカーは、国民の住環境を注意深く見つめつづけてきた。住宅づくりまではじめたパナソニックは、なかでもその意欲が強かったと思う。しかし、住宅事情の推移から目をそむけた家電メーカーは、ひとつもないだろう。すくなくとも、大手はそこに重大な関心をよせてきた。

私事にわたるが、あえて書く。私は一九七〇年代に、シャープという家電メーカーの仕事をてつだったことがある。某シンクタンクを介して、ちょっとした調査をたのまれた。

ここ十数年のあいだに、住宅のありようは、どううつりかわってきたか。その変化と、家電製品の推移につながりのありそうな事例があれば、ひろいだしてほしい。できれば、将来の動向予想もしてもらいたいのだが。そんなことをしらべるプロジェクト・チームの一員として、はたらいたことがある。

建築学科の学生だったので、住宅図の読みとりにはなれていると思われたのだろう。そして、この時はじめて、私は家電メーカーが住宅へよせるあつい視線を、認識した。

くらべれば、出版産業はその点に鈍感であったなと思う。住宅から応接間がなくなっても、大部な全集などを制作しつづけたりしたのだから。会社によっては、社運がかたむいたのも、やむをえなかったのかなと考える。まあ、敏感に対応してきた家電メーカーも、たいてい今は経営を悪化させているのだが。

劇的にかわる日本のすまい

いわゆる高度成長期のはじめごろまで、多くの日本家屋は伝統的な工法でたてられてきた。たとえば、壁は練り土をかため、土壁としてつくられてきたのである。竹の小舞《こまい》を縦と横にくみあわせ、藁でゆわえつけたところへ、壁土をぬりこんで。小舞などという言葉をもちだしても、今の若い人はわからないかもしれないが。

だが、このごろはそういう工事を、ほとんど見かけない。住宅用の壁は、工場生産のボードをつかうのが、ふつうになっている。集成材でできた柱や梁に、量産化されたボードをホッチキスなどでとめてしまう。今日の壁は、たいてい以上のような手順で、できあがる。

今、小舞と塗り壁で左官工事がすすめられるのは、特殊な建築にかぎられる。文化財としてみとめられた建築の補修ぐらいでしか、目にしない。あるいは、普請《ふしん》道楽の旦那が、出費をかえりみずいとなむ数奇屋あたりにしか。

わずか半世紀ほどのあいだに、在来の住宅工法は、その多くが姿をけした。現場の手づくりが、住宅施工にしめる割合は、どんどん小さくなっている。できあいの工場生産品をくみあわせることで、たいていの大工工事はすんでしまう。それが、今の家づくりだと言ってよい。

さきほど、応接間が日本家屋から姿をけしたと、のべた。このごろは、リビングにとってかわられたと、書いている。

しかし、洋風の応接間が普及しはじめたのも、そう古い話ではない。二〇世紀以後、おそらく一九一〇年代になってからの現象である。そして、それは高度成長期のある段階から、なくなっていきだした。短いあいだに、われわれのすまいは、大きく変容をとげてきたのである。

畳の部屋がなくなり、フローリングの床が普及する。仏間、あるいは仏壇も、現代住宅ではもうけられなくなった。土間は玄関先の一角にのこるが、床との段差はどんどんちぢめられている。工法のみならず、さまざまなところで住宅の変化はすすめられた。

家ぜんたいの外観も、ここ数十年でたいそうかわっている。

いくつもの住宅メーカーが、意匠にこるせいだろう。たがいにきそいあうかっこうで、家のデザインも尖鋭的になっている。A社がモダンな構えをうちだせば、B社もまけずに、モダンぶりへ拍車をかける。そんなことがつづいたおかげで、このごろは奇抜な形の住宅がふえだした。外観を幾何図形風にまとめた家のならぶ宅地も、よく見かける。

いかにも家らしい、三角形の瓦屋根をのせた家屋に、新築物件ではあまりでくわさない。片方にだけ傾斜させた片流れの屋根や、平らな陸屋根が、近年はふえている。これも、在来工法からときはなたれたおかげで、そうなってきたのだろう。

そして、これだけすまいの様子を劇的にかえてきた国は、あまりない。おそらく、日本が世界のなかでも、群をぬいている。百年前と、いや五十年前とくらべても、住居のありようが、大きくことなる。その急進性は、国際的にくらべても、圧倒的である。

靴をはいて、ベッドに横たわれるか

ただし、そんな変容のなかにあっても、かわらないことがひとつある。それは、上下足分離の習慣である。日本人の多くは、今でも靴をはいたまま家にあがることができない。どれほど進歩的な家庭でも、家のなかにあがる時は、玄関で靴をぬぐ。それが、あたりまえだとされている。

ふたたび私事になるが、私は二〇〇四年にブラジルへでかけている。九月から一一月までの三ヵ月ほどを、リオデジャネイロですごした。その滞在中に、私は自分の不注意で転倒し、顎をきっている。おかげで、傷の裂け目を十数針ほどぬうはめになった。その折に体験したことを、書きつけたい。

怪我をしたまま血のとまらない私は、現地の病院へおもむいた。地元の外科医から治療を、縫合処置もふくめ、うけている。

病院であったくだんの医者は、私の出血を見て、すぐにこうつげた。そこのベッドに、横たわりなさい、と。言われた私は、反射的に靴をぬいで、ベッドの上へ自分の尻をおいている。

すると、私のそんな動作を見ていた医者が、おこりだした。どうして、靴をぬぐんだ。そこ（病室の床）へ靴をおかれたら、じゃまになる。ベッドでは、靴をはいたまま横になりなさい、と。

郷にいっては、郷にしたがえと言う。私はもういちど床へおり、靴をはきなおして、ベッドに寝た。そして、靴ばきのまま、ベッドの上で傷をなおしてもらうことになる。

手当てをほどこされているあいだじゅう、私は違和感をいだきつづけたものである。ベッドの上では、靴なんかはきたくない、と。そして、自分のことを、どうしようもなく日本的な人間なんだなと、かみしめた。寝床では靴をぬがなければならないとする日本文化に、自分はとらわれている。そのことを、いやおうなく痛感させられた。

今日の日本家屋では、畳のしめる割合が、たいそう小さくなっている。床はフローリング仕上げですますことが、ふつうになってきた。かつてのくらしぶりは、一掃されかねない情勢になっている。

にもかかわらず、家のなかを下足のままあるくことが、多くの日本人にはゆるせない。外出用の靴は、今でもぬがなければならないことになっている。ましてや、ベッドでの外ばきなどは、論外のふるまいとして非難されてしまう。そんなならわしが、住居の急変期をとおってきた今もなお、たもたれている。

おそらく、日本文化にとってはそうとう根深い何かが、そこにはひそんでいるのだろう。畳や土壁がなくなっても、残存しつづける。それだけの民族的なこだわりが、よほど執念深い民族性があるのだと思う。

ざんねんながら、日本人の上下足分離という習慣を、歴史的にたどる用意はない。私は、そういう勉強をこれまでおこたってきた。じゅうぶん、検討にあたいすると考えるが、今すぐ論じだすのは無理である。今後の課題ということにしておきたい。

ただ、くらしとすまいは、そうとうおもしろい問題をふくんでいる。日本人を考える意味でも、近代化を問う点でも、興味深い素材が、たくさんある。ここでは、そのことさえのみこんでいただければ、じゅうぶんである。

アーキテクトの技がかがやく街

私は京都の南郊にある宇治という都市で、くらしている。いわゆる住宅街だが、近所の散歩にも、よくでかける。

あたりを歩いて気づくのだが、打ちっぱなしのコンクリートでできた家を、まま見かける。キュービックなコンポジションを前面にうちだした住宅が、ちらほらある。まちがいなく、建築家の作品である。

もちろん、そう多くはない。ぽつりぽつりと点在するにとどまる。だが、そういうアーキテクト物件と、時おりでくわすことじたいはたしかである。

それらは、宅地のなかで異彩をはなつ。風変わりなたたずまいが、あたりにならぶ住宅群のなかではきわだっている。

べつだん、宇治にかぎった話ではない。とんがった建築家の住宅作品をふくむ住宅街は、たくさんある。日本各地のどこででも、ごくふつうに見かける光景である。

しかし、世界的には、これがたいそうめずらしい。私は南ヨーロッパの住宅地、集落をめぐったことがある。しかし、それらはたいてい伝統的なつくりの住宅ばかりで、街区を構成させている。建築家の作品が住宅街のなかでめだつ光景など、ほとんど見たことがない。

家の設計を建築家にたのんでみようという人が、日本には少なからずいる。しかし、イタリアやフランスだと、そういう人はよほど奇異にうつる。建築家に、家の設計をしてもらうんだって？　また、とっぴょうしもないことを考えるんだな、お前は。とまあ、そんな反応が、たいていかえってくる。

南ヨーロッパだけではあるまい。北欧、中欧でも事情はかわらないだろう。家づくりは伝統工法にしたがい、その形も宅地の景観にあわせる。自分の家だけを、周囲からうかびあがらせようとはしない。それが、アメリカをもふくむ、西洋のスタンダードになっているだろう。

前に、日本の都市景観は調和を軽んじていると、そうのべた。全体のまとまりより、ビルをたてる建築主の主体性に、日本では重きがおかれている、と。くらべれば、欧米の街並が集団主義的に構成されていることも、指摘ずみである。

この比較をつづければ、住宅街の光景についても、同じことが言えるだろう。日本の宅地は、全体的に景観をととのえようと、あまりしてこなかった。建築家のとっぴな住宅作品を、多くの街はうけいれている。建主の自我には寛容な姿勢をとってきた、と。

二〇〇七年から二〇〇九年にかけてのことであった。漫画家の楳図《うめず》かずおが色彩のハデな新居をたてて、物議をかもしたことがある。「まことちゃんハウス」とよばれた物件で、その出現はまわりの耳目をそばだてている。周囲の一部住民は、これを景観破壊にあたるとみなし、工事をやめるよううったえた。東京地裁へ、ことをもちこんだのである。

当時の地裁は、けっきょく住民側の申したてを、しりぞけた。楳図邸のたつ吉祥寺には、さまざまな色の家がある。同系統の色で、家並がととのえられているわけではない。そこに、この楳図邸が新しくくわわっても、あたりの景観はそこなわれないだろう。そう見きわめ、地権者である楳図の権利、彩色の自由を擁護したのである。吉祥寺界隈の住民に、景観被害をうったえる権利はないと言わんばかりの裁定であった。

この決定は、まもるべき景観がありうることも、いっぽうではみとめている。環境いかんによっては、建主の自由も制限されうる。景観法（二〇〇四年制定、翌年施行）以後の、そんな認識にもとづき話をすすめている。その意味では、新しい方向によりそう判断だと言える。

ただ、楳図邸のたつあたりが保護にあたいする景観をたもってきたとは、みなさない。あそこでなら、地権者の権利に歯止めをかける必要はないだろう。以上のように判断したうえで、楳図邸の工事続行をゆるしたのである。

地権者の権利か、景観か

景観法以前の時代なら、周囲の景観的な価値が考慮されることも、なかったろう。地権者の権利をまもることが、それまでは第一に考えられたはずである。その気になれば、誰もが自由な形と色で、自分の家をたてられた。

そして、そうした自由が、アーキテクトたちの作品を、住宅街にもたらしてきたのである。とっぴょうしもない形の家をこしらえても、それは地権者と建築家の勝手。まわりに、口をはさむ権利はないという日本的な考えが、住宅作品をはばたかせた。棋図かずおと建築家たちは、どちらもその自由を謳歌する側にいたのである。

いわゆるゴミ屋敷へ、近所や当局が介入しづらいのも、この自由にねざしている。あれも、地権者の権利を盾にとられれば、周囲はうけいれざるをえなくなる。それだけ、地権者のエゴが、日本では強くまもられてきた。こう書けば、建築家の作品をゴミ屋敷なみに論じているようで、もうしわけないのだが。

しかし、景観法以後は事態がかわっていくはずだと、そう思われようか。たしかに、今は条例などで景観保護にのりだす自治体が、ふえている。

しかし、どうだろう。既存の宅地には、住宅メーカーのさまざまな商品化住宅が、ならんでいる。メーカーごとにデザインのちがう家屋が、まとまりのない家並をもたらした。建築年代ごとにことなるそれぞれの時代色も、この乱雑ぶりに拍車をかけている。なかには、調和をみだす度合いの強いアーキテクト物件も、まじっていたりする。

そんなよくある住宅地が、保護すべき景観を形成しているとは思えない。楳図邸のようなもめごとがあっても、多くの法廷は東京地裁と同じ姿勢をとるだろう。地権者の自由が、ヨーロッパなみの制限をうけるようになるとは、思えない。

集落が伝統的建造物群保存地区に指定されている。あるいは、ユネスコの世界遺産に登録された。そういう御墨付きのあるところでなら、司法当局も景観被害をみとめよう。しかし、それ以外の街区では、建主の権利が尊重されつづけると考える。

話をもういちど、宅地から市中のビル街へうつす。私は、日本の都市景観に統一性の見られないことを、これまで強調してきた。

しかし、これは日本だけの現象でもない。東アジアでは、多くの都市がてんでんばらばらな形のビル群を、ならべている。ソウルでも、上海でも。それは、一九世紀以後に西洋化の波をかぶった都市なら、どこでもおこりうる。非西洋圏の近代都市でなら、共通して発生しうる現象なのである。

だが、住宅街にアーキテクト物件が散見されるのは、日本に特徴的な光景だと思う。木造の集落に、コンクリート打ちっぱなしの家屋が、顔をだす。そういう住宅街を、私は日本以外の国で見たことがない。あるいは、アルミのスパンドレルなんかをかがやかせた物件がある宅地なども。

『新建築住宅特集』という雑誌がある。尖鋭的な建築家のてがける住宅作品ばかりを、あつめて紹介する雑誌である。一九八五年から刊行されだした。世にアーキテクト物件のふえだしたことは、こういう媒体の登場からもうかがえよう。

そして、おそらく、この雑誌は日本以外の国だと、なりたたない。建築家が設計をし、自作として発表する住宅作品が、たくさんある。そんな雑誌へ目をとおして、自分も建築家に設計を依頼したいと考える読者がいる。そういう国でしか成立しえない雑誌なのである。日本は、『新建築住宅特集』を雑誌としてささえうる、希有な国であると考える。

欧米に、海外に、建築家の住宅作品がないとは言わない。

しかし、その多くは広大な敷地のなかに、ぽつんとたつ。樹々でかこまれた土地に、ガラスばりのモダンな家がもうけられる。近所の目はとどかない場所に、開放的な構えが演出されていく。そういった住居であることが、少なくない。宅地のなかに建築家の作品＝住宅が出現することは、まれである。

諸外国でも、大資産家が成功の証しに、建築家へ自宅の設計をたのむことはある。いわゆるセレブのトロフィー・ハウスなら、アーキテクトの作品を、見かけなくもない。まあ、多くのセレブは前衛的であることより、豪奢《ごうしゃ》な構えをもとめやすいのだが。

日本にこそおこった革命とは

大阪に「住吉《すみよし》の長屋」とよばれる住宅がある。建築家・安藤忠雄の初期作品（一九七六年）で、これが安藤の名を、いちやく有名にした。雨の日には、傘をさしてリビングからダイニングへいく家としても、知られている。

敷地は、わずかに十七坪、五十七平米ほどである。小さな長屋が密集する稠密《ちゅうみつ》地域に、たっている。外壁をあけて、大きな窓をしつらえるわけにはいかない土地である。じじつ、建築家は打ちっぱなしのコンクリート壁で、家の全体をかこいきった。外気や外光は、もっぱら中庭で、上のほうからとりいれている。

家の周囲をとざし、中庭だけは上空へむかって開放する。この手法は、人口密集地の狭小住宅という立地が、もたらした。条件の悪い敷地でも、光と風を思うぞんぶんあじわいたい。リビングとダイニングを分断してでも、中庭をもうけようとしたのは、そのためである。

住吉の長屋（大阪市住吉区）

こういった作風が、おもしろがられたせいだろう。安藤のところには、似たような条件の仕事が、けっこうもちこまれた。

大阪、あるいは阪神間の下町で、敷地はきわめてせまい。せいぜい十数坪から二十坪ぐらいで、まわりにも小さな家がひしめいている。そこに作品をこしらえてほしいという注文が、安藤の事務所へはたくさんよせられた。

そして、そのうちのいくつかは、じっさいにたてられてもいる。大阪、阪神間のダウンタウンに、せまくて小さな安藤作品が、出現したのである。なかには、お好み焼き屋や文具店との店舗併用住宅もあった。

安藤忠雄は、今、世界各地で規模の大きな仕事をこなしている。国際的にも、ひっぱりだこと言っていい建築家である。だが、若いころの仕事は、関西の下町によってもささえられていた。海外の安藤作品にも、そこでとぎすまされた手法は、生きている。

この点について、建築評論めいたことを書くのはやめておく。アメリカやイタリアでの仕事が、どう大阪の下町とひびきあっているのかは、論じない。

ただ、私は十数坪の土地しかない建主が、安藤へ設計を依頼したことに、感じいる。下町の狭小住宅が、小さな文具店が、アーキテクトの作品をもとうとした。一九七〇年代以後のそんな現象に、目を見はらされている。

欧米でも、東アジアでも、そんな話は聞いたことがない。わずか十数坪の土地持ちが、建築的な自我にめざめている。せまくはあっても、まわりとは明らかにちがうすまいをいとなみたい。そんな想いが、下町にまでとどいている現代日本に、あらためて感心させられる。

いや、そもそも十数坪の地主などというものじたいが、欧米にはいないだろう。だが、現代日本は、そういう地主の存在を可能にした。

のみならず、彼らの自意識を、建築への夢もいだくまでにふくらませている。欧米の生活者なら、まずもたないだろう建築幻想を、うえつけてきた。すくなくとも、下町の住民なら、脳裏をよぎりもしないだろう前衛住宅への憧れを。

近代化は、人びとの欲望をときはなったと、よく言われる。他人と自分を区別し、自分をきわだたせたがる情熱も、肥大化させてきたと聞かされる。だが、こと住宅に関するかぎり、ヨーロッパではそういう近代化が作動していない。くらべれば、日本のほうがよほどはっきり、近代化の途をたどってきたと言いきれる。

わずか十数坪の土地持ちが、住宅作品をもとうとする。私はそんな現代日本の姿に、より徹底したブルジョワ革命の成果を見る。ヨーロッパではとうとう成立しなかった革命が、日本ではみのったのだと言いたくなる。

日本の社会科学者たちは、こういう現象をどううけとめているのだろう。

第三章 ホテルにならない日本の城

ドイツの古城ホテル

ドイツのネッカー川を見おろす山々には、中世以来の古城が、たくさんある。改装され、今はホテルとしてつかわれているところも、少なくない。城めぐりが好きな日本人にも、それらは古城ホテルとして、よく知られている。

ホルンベルク城も、そういうホテルのひとつである。もとは、ドイツの英雄的な騎士である「鉄腕ゲッツ」の居城であったらしい。一六世紀には、その英雄、ゲッツ・フォン・ベルリヒンゲンが、くらしていたという。ちなみに、ホテルとしての営業をはじめたのは、一九五三年からである。

城の持ち主が、どううつりかわってきたのかは、よく知らない。しかし、今のオーナーがゲミンゲン男爵だと聞かされ、最初私はおどろいた。えっ、男爵とよばれるような人が、まだドイツにはいるの、と。

ドイツの王制は、第一次世界大戦の敗北で、ついえさった。さらに、第二次世界大戦後は、徹底的な民主化がはかられている。それなのに、まだ旧弊な爵位が幅をきかせているのか。そのことが、なかなか腑におちなかった。

ホルンベルク城（ドイツ・ネッカーツィンメルン）

たぶん、こういう称号をもつ人びとも、もう領主特権などはてばなしているだろう。爵位があるといっても、肩書きだけ。貴族らしい権能はあるまい。ただ、くだんの男爵には、たまたま資産があった。それで、古い城を手にいれ、ホテルの経営へのりだしたということなのではないか。

ホテルへくる旅行者は、いかにも中世らしい旅情を期待するだろう。そんな要望にもこたえるべく、ゲミンゲン氏は男爵を名のっている。それは、観光用にわざわざもちだした、まあ嘘ではあるまいが、称号であろう。当人にとっても、いささかはずかしい自称だったのではないか。

男爵の話を耳にした当座、私は事態をそううけとめ、自分の気持ちをおちつかせている。今のべたように考えないかぎり、私には貴族称号の存在を了解することができなかった。それだけ、第二次大戦後を生きる男爵のことが、古めかしく見えてしまったのである。

さて、ホルンベルク城の東側には、ゲッツェンブルク城というホテルもある。こちらは、今もなお英雄ゲッツの一族が、維持している。子孫のベルリヒンゲン男爵が所有する城を、ホテルとして活用しているのである。

私がそのことを知ったのは、ホルンベルク城のいわれをまなんだ、そのあとであった。そして、この新しい知見は、私の考えをややあらためさせている。

ドイツには、騎士時代からの家系をほこる血統が、まだ生きていた。のみならず、封権時代以来の城を、たもちつづけているケースがある。なるほど、もう貴族特権はうばわれているかもしれない。今の身分は、一介の市民でしかないだろう。だが、彼らの血脈は、思いのほか強く生きのびていると、考えなおすにいたった。

なお、ゲミンゲン男爵家は、もうひとつグッテンベルク城という城も所持している。やはりネッカー川ぞいの、こちらは一二世紀にまでさかのぼる城である。ホテルにはしていない。だが、城の一部を博物館として、公開してはいるようである。

大名の城はうばわれて

日本にも、ヨーロッパ同様、古い城はある。戦国時代から江戸時代にできた城郭、とりわけ天守閣は、旅行者に人気がある。いわゆる城マニアなら、戦国以前の山城などもめぐり歩こうか。

しかし、ホテルになっているような城は、まずない。旧領主や旧華族が、城をたもっているというケースも、絶無である。

大名家の城跡は、たいてい自治体が管理をする都市公園になっている。市民が入場料をはらい、旧大名のいとなんだ庭と建物を、見てまわる。陳列されている武具甲冑《かっちゅう》、あるいは古文書などをながめ、ひととき歴史にひたる。そういう行楽、あるいは社会教育の場所だと、たいていの人はうけとめている。

入場料収入は、自治体におさめられる。そして、それらは城郭の維持管理に、つかわれることとなる。かつての城主、旧大名にその収益がとどけられることは、ありえない。まあ、大名家が所持している古文書、古美術への賃借料は、発生しうるかもしれないが。

山城の多くは、それほどていねいにあつかわれていないだろう。城好きが山へのぼって、かってにたちよるというところも、少なくないはずである。

いずれにせよ、かつての城を旧城主がそのまま温存している例は、まず見ない。べつの旧華族が、旧城主にかわって所有するというケースも、ありえないだろう。もちろん、彼らが城をホテルに転用しているところも、お目にかかったことがない。

旧城主は、基本的にはみな、かつての城郭をてばなしている。彼らがそこにしがみつき、私的な利益をえるというような話は、考えられもしない。それらは、すべて自治体をつうじ、市民共有の公共財となっている。封建領主の権利はうばわれ、市民社会にわかちあわれているのである。

市民の財産になる前は

日本の城郭は、ホテルに改装しづらかったんじゃあないかと、あるいは考えられようか。たしかに、天守閣をそのままホテルとして利用することは、むずかしかろう。

だが、本丸や二の丸の屋敷は、日本旅館としてなら、じゅうぶんつかいえた。すこし手を入れれば、大名情緒のたのしめる宿にもあらためられただろう。あるいは、宴会場としていかす途も、さぐれたにちがいない。

しかし、近代の日本社会は旧城主に、その可能性を検討させもしなかった。彼らの財産であった城を、市民に開放したのである。ホテルにしにくかったから、旧城主がそれをあきらめたのではない。日本では、そんなことを検討するゆとりさえ、旧城主にはあたえなかった。彼らからは、有無を言わさずとりあげたのである。

といっても、近代日本の市民社会が、いきなり城をうばったわけではない。これが都市公園となり、市民へ供されたのは、ようやく戦後になってからである。

明治の新政府は、たしかに旧城主から城とその敷地を、さしださせた。だが、市民にそれらをゆだねようとは、していない。新政府は、城郭の管理を、まず大蔵省へひきうけさせ、そののち陸軍にまかせている。以後、大名の城と土地は、軍用地としていかされた。そこには、各師団の軍事施設、武器弾薬庫などがおかれだしたのである。

明治以後、大日本帝国時代の市民は、いや臣民と言うべきか、そこになかなか入れない。たいていの場合、一般人の自由な出入りは禁じられた。その意味では、明治維新の革新性にも、限界はあったと考える。

ただし、いくつかの小さな城跡は、軍からもかえりみられなかった。それで、人びとの散策などを事実上うけいれてしまったケースも、なかにはある。ねんのため、のべそえる。

また、名古屋城や二条城も、軍の管理下へは、一時的にしか編入されていない。それぞれ、一八九三年、一八八四年から、皇室財産にくみいれられている。大日本帝国時代には、離宮としてあつかわれた。

いずれにせよ、旧大名家の手元にとどまった城郭は、皆無である。それらは、みな新政府にめしあげられた。そこに、明治維新の力強さがあったことは、いなめない。

いわゆる戦後改革により、城跡が市民のものとなる。その地ならしをしたのは、まちがいなく明治の陸軍である。軍が旧城主からとりあげていたからこそ、軍の解体後は、市民にゆずりわたされた。その意味では、維新のはたした役割もあなどれない。

話をもどすが、ドイツには旧封建領主がたもちつづけている城もある。ホテルをいとなみ、そこから利益をえている旧貴族も、いないわけではない。城からかつての領主をおいだし、それを市民共有の財産にする。そういう近代化は、ドイツより日本のほうが、いきおいよくおしすすめたようである。

もちろん、ドイツにも市民へ開放された城郭は、あるのだが。

イギリスの貴族たち

くりかえすが、ドイツでは第二次大戦後に、民主的な社会改革が断行された。それでも、爵位があると言われる人は、まだのこっている。封建時代の城館をてばなしていない人さえ、いなくはない。戦後の諸改革も、旧領主制の残渣《ざんさ》を一掃したわけではなさそうである。

では、敗戦国のドイツとちがい、戦争に勝ったイギリスの場合は、どうだったろう。ドイツや日本では、旧体制をあらためることが、戦勝国の側から強くもとめられた。また、国内でも戦前の仕組みに反省をせまる声が、戦後に高まっている。そのため、制度改革がさまざまな形で、すすめられた。

しかし、イギリスでそういうことが、日独の場合ほど強くもとめられた形跡はない。敗戦国とくらべれば、旧制度の温存される度合いは、高かった。

じっさい、貴族の称号を耳にする機会は、イギリスのほうがドイツより多い。なんとか伯爵、誰それ侯爵という呼称も、メディアではよく見聞きする。

城でホテルを経営している者も、もちろんいる。のみならず、古くからの城でそのままくらしている貴族だって、少なくない。

オックスフォードの北西にあるブレナム宮殿を、ごぞんじだろうか。マールバラ公爵家の初代、ジョン・チャーチルがいとなんだ宮殿である。彼は、一八世紀初頭のスペイン継

ブレナム宮殿（イギリス・オックスフォード近郊）

承戦争に、功績があった。当時のアン女王から、そのため宮殿用の土地をゆずられている。建物じたいも、多額の国家的な支援をうけて、たてられた。

イギリスのバロックを代表する建築遺構のひとつだと言ってよい。そして、ここでは今でも、マールバラ公爵家の一族が、くらしている。庭園だけは、入園料をはらえば、一般人でも見せてもらえる。しかし、館内へは、かってにたちいれない。公爵家の生活は、二一世紀の今日なお、この大宮殿でつづけられている。

ついでにしるすが、イギリスの宰相ウィンストン・チャーチルは、ここで生をうけた。第二次大戦期のイギリスをひきいたこの指導者も、マールバラ家の一員にほかならない。

ハワード城（イギリス・ヨーク近郊）

ヨーク北東のハワード城も、一八世紀のバロック建築である。映画のロケなどでもよくつかわれ、なじみがあるという人は、少なくないだろう。これをはじめにこしらえたのは、ノーフォーク公爵。そして、同公爵の家系をうけつぐハワード家が、現在なお同じ宮殿内にすんでいる。

ここも、入園料をはらえば、庭園が見られる。建物の一部にも、べつくちの入館料はいるが、いれてもらえる。その意味では、ブレナム宮殿より開放的だと、言えないこともない。

それでも、日本の城郭見物とは話がちがう。自治体が管理をしている都市公園へ、はいっていくわけではない。公爵家にお金をしはらって、公爵家のお宝をおがませてもらう。市民は、そうした状態にあまんじつつ、両家の建築遺産とむきあっているのである。

イギリス南部のアランデル城には、ノーフォーク公爵の長男であるアランデル伯爵がすむ。北東イングランドのアニック城では、ノーサンバーランド公爵がくらしている。バンバラ城をすまいにしているのは、代々アームストロング男爵家の人びと……。

もう、やめよう。こういった話は、このあたりでおしまいにしておく。

街や城を見ないのか?

ともかく、ことはあきらかである。封建制の軛《くびき》からぬけだし、市民社会をなりたたせる。近代化のそんな達成度合いは、城郭の管理ぶりをくらべるかぎり、日本のほうが高い。イギリスは、いまだに封建制ののこりかすと、失礼な言い方だが、ともにある。そう、より近代的なのは、まちがいなく日本のほうなのである。

にもかかわらず、戦後日本の社会科学はとなえつづけてきた。典型的な近代化をなしとげたのは西欧、なかでもイギリスである。だが、日本は明治以後も、いや戦後の二〇世紀後半になってさえ、近代化しきれない。封建遺制が日本人を、あいかわらずむしばんでいる、と。前にふれたけれども、大塚久雄やその追随者たちが声高に言いつのってきた。

ロンドンの中心部、いわゆるインナー・ロンドンに、地主はほんの数人しかいない。そして、彼らはたいてい、爵位をもっている。その数人が、市中の土地を、数十ヘクタール規模でわかちあう。あるいは、数百か。

そして、そういう地主の土地に、市民や労働者の集合住宅などもならんでいる。たとえば、アン女王時代のゴシック様式へ、外観がととのえられた街区に、である。東京や大阪で見かける十数坪の土地持ちなど、ロンドンではまったくありえない。ましてや、その狭小地主が個性的な住宅作品をたてることなど、考えられもしないだろう。

見た目には、たとえばアン女王式でそろえられた街並のほうが、美しくうつる。しかし、その整然とした様子が、貴族を地主とする土地でできたことも、たしかである。雑然とした日本の家並には、封建遺制などぬぐいさった小市民の自由が、いきづいている。その点もまた、否定することはできないはずである。

しかし、社会科学は、また歴史学もそこを見ようとしなかった。街や城の様子からは目をそむけて、精神のあり方などを語ってきたのである。近代的なエートスは、西欧でめばえ、日本ではうまくそだたなかった、と。精神やエートスは、肉眼だと見えないのに。建物の様子は、ざっとながめるだけで、たしかめられるにもかかわらず。

たぶん、イギリスへ留学した社会科学の俊英たちは、文献学習でいそがしかったのだろう。街歩きや城めぐりをたのしむゆとりは、あまりなかったのかもしれない。まあ、私は皮肉でそう書いているのだが。

大阪市が陸軍にもちかけて

日本の大名たちは、明治維新のすぐあとに、城を政府へあけわたした。城跡の管理は、最終的に陸軍へゆだねている。そして、陸軍が解散した第二次大戦後に、城は市民へ開放された。私はそんな見取図で、城郭史を語っている。

しかし、すべての城が、明治以後に同じコースをたどったわけではない。たとえば大阪城は、やや変則的な途をあゆんでいる。その経緯からは、大日本帝国陸軍と市民社会の、ちょっとしたさやあてもうかがえる。余談になるが、書きとめておく。

二〇世紀のはじめごろから、大阪は一大工業都市になる。一九二〇年代のなかごろには、さまざまな経済指標で東京をぬきさった。日本一と言ってよい大都市になりおおせる。

だが、工場のまきちらす煤煙《ばいえん》は、市民生活をさいなんだ。連日のように黒い雲が街をおおい、大阪市民は太陽の光があびられないようになる。

大阪市は衛生的な配慮から、市民がいこえる広い緑地を、市中に物色した。だが、まとまったスペースの期待できる場所は、どこにもない。唯一、大阪城の城跡だけが、その可能性をひめた場所だとされていた。あそこを緑化すれば、煤煙の街大阪も、りっぱな公園をもつことができるだろう、と。

しかし、その城跡は陸軍の管理下におかれていた。市民のために緑地がほしいと言っても、これを陸軍はうけつけない。大日本帝国の軍は、市民にあゆみよるような組織ではなかったのである。

ただし、一九二二年のワシントン会議以後、日本は軍備の縮小を余儀なくされていた。軍事費も、いろいろなところできりつめられていたのである。

大阪城跡を本拠とする第四師団も、その例外ではありえない。この師団は、新しい師団司令部庁舎をもうけたいと、ねがっていた。だが、その予算も、軍の経費からは調達することができなかったのである。

そんな第四師団に、大阪市は、いくらかうまみのある話をもちかける。新しい司令部庁舎の建設費は、市のほうでなんとかしよう。だが、そのかわりに、城跡の司令部と直接かかわらない場所は、市にゆずってくれないか。市民のつどう緑地公園にしたいから、と。

けっきょく、大阪の第四師団はこの提案をうけいれた。城跡にある多くの土地を市民へあけわたすことに、同意したのである。

話をまとめることができた大阪市は、さっそく募金活動を開始した。ただし、第四師団司令部の建設資金をつのるとは、言っていない。金あつめは、大阪城の天守閣を再建するという口実で、実施された。

豊臣秀吉がたてた大阪城の天守閣は、いわゆる夏の陣で焼失している。後に幕府がもうけた天守閣も、一六六五年の落雷で焼けおちた。大阪城には、戊辰《ぼしん》戦争の初期に幕府軍がこもっている。そのため倒幕軍の攻撃をうけ、城郭を構成する主要施設も、なくなっていた。

それらを、あらためてこしらえたい。せめて、天守閣だけでも復元できないか。そんな気運は、一九二〇年代から大阪でも高まりだしていた。その勢いに、大阪市も便乗したのである。

募金で同市は、市民から、住友の寄付も多かったが、百数十万円をあつめている。そして、それを天守閣と陸軍庁舎の建設費、ならびに公園としての整備費へわりあてた。

なお、拠金の過半は第四師団の新しい庁舎へ、まわされている（八〇万円）。天守閣は、その半額ほどで建設された（四七万円）。募金は天守閣の再現を口実として、実施されている。だが、そこであつめられた拠金の多くは、軍の建設資金になっていたのである。

いずれにせよ、大阪城の天守閣は一九三一年に、ふたたび姿をあらわした。鉄筋コンクリート造の模造建築だが、たちあがっている。のみならず、その出現と同時に大阪城公園も開園した。市民のつどう緑地が、陸軍をおしのける形で、ひらかれたのである。

大日本帝国の時代に、市民社会が自分たちの要求をおしとおす。軍にうけいれさせてしまう。これは画期的な事態である。

大阪以外の都市に、こういう事例はないだろう。城跡の公園化は、第二次大戦後に軍隊がなくなるまで、すすまなかった。それが市民に開放されるのは、一九四五年以後の現象である。はやくも一九三一年にそこまでこぎつけられた大阪の事例は、特筆にあたいする。

まあ、宮内省が管理していた名古屋城も、一九三〇年には名古屋市へ下賜《かし》されたが。

大阪市は、強く緑地をほしがっていた。軍縮の予算不足期にもかかわらず、大阪の陸軍は新しい庁舎をたてたがっている。二つのそんな思惑がかさなりあうことで、この例外的な戦前期の公園化は、なりたった。

大阪の市民意識がぬきんでて高く、軍をおしきったと言うつもりはない。しかし、それでも大阪での展開が時代にさきがけていたことは、たしかである。読書人にも、ひろく知ってもらいたいと考え、ここには書きつけた。

ただし、言いそえておかなければならない、ややざんねんなこともある。日中戦争がきびしくなり、対米戦争もはじまるころから、軍は態度をかえだした。大阪城跡へ市民が出入りすることを、いやがるようになっていく。一九四二年には、まったく禁止した。軍事機密にかかわるということで、公園を閉鎖したのである。

だから、大阪城の場合も、けっきょくほかの城と同じ途をたどっている。戦後、軍隊が消滅することで、一般には開放されていく。この通例を、最終的には大阪もまたあゆんでいる。ただ、戦前のある時期に、市民社会の先駆的な勢いのみとめられうる展開が、ここにはあった。部分的にではあれ、軍をひっこめさせることが、できている。

その点は、くりかえし強調しておきたい。

大阪城公園の西洋城郭風建築

大阪城の天守閣は、鉄筋コンクリートでできている。外見の木造風は、一種の偽装である。建物じたいは、エレベーターもそなえた現代建築になっている。

旧第四師団司令部庁舎（大阪城公園内）

こういう模造天守閣は、世にたくさんある。一九三一年にできた大阪城の天守閣は、それらの先駆例である。鉄筋コンクリートで城郭建築をなぞるやり方は、大阪にはじまった。

伝統的な和風の城郭形態にこだわった大阪市は、陸軍にも同じことをもとめている。第四師団が新しくもうける庁舎は、大阪城公園のなかにたつこととなる。新造天守閣のとなりへ、たちあがる予定になっている。だから、天守閣の和風にあわせ、日本的に見える庁舎をこしらえてほしいと、要請した。

だが、第四師団はこの注文をうけいれず、はねつけた。イギリスあたりの中世城郭風もとりいれた、西洋古典形式の庁舎を建設している。石落としのはねだし狭間《マチコレーション》めいた形を、それは装飾的に、頂部へあしらっていた。今もこの庁舎は、天守閣の南側に、洋風の姿をたもちつつたっている。

大阪市側の建築家たちは、軍のこういう姿勢に、不満の声をのべていた。ふだんは大和魂をとなえているくせに、どうして西洋建築の形にこだわるのか、と。

しかし、軍関係の建築を概観するかぎり、このことをあやしむ必要はない。大日本帝国の軍隊は、陸海軍ともに、西洋の建築様式で、自分たちの施設をたてている。とりわけ、軍の中枢をになうものほど、西洋的にあしらおうとした。第四師団の司令部庁舎などを、和風にしておけるはずもなかったのである。

こう書けば、建築にくわしい読者は、東京の九段会館を反証の例にあげるかもしれない。同会館は、最近閉鎖されたが、もともとは軍人会館として、一九三四年にたてられた。和風の屋根、城郭風のそれを頂部にいただく建物である。これを例示しながら、戦前の軍部は日本風をもとめていたと言うむきも、いるだろう。じっさい、専門の建築史家にも、そんな話をしたがる者はいる。

しかし、九段会館＝旧軍人会館を、純粋な軍事施設と見ることはできないだろう。あの建物は、在郷軍人会の会館として設営された。つまり、退役軍人のつどう社交場、倶楽部

九段会館（東京・九段下）

建築だったのである。
すくなくとも、軍の指揮命令系統に深くかかわる建築ではありえない。軍にしてみれば、その外側に位置する、遊び心のゆるされる遊興施設であった。和風の挿入が大目に見られたのも、そのせいである。
軍人会館の設計図案は、一九三〇年に公募がはじまったコンペでえらばれた。形をきめる決定権は、コンペの応募者と審査員にゆだねられている。軍の意向がないがしろにされるかもしれないプロセスで、ことはすすめられたのである。
軍は退役軍人の社交施設まで、建築的に制御しようと思っていなかった。こんなのは、民間の建築家たちに、形を左右させてもかまわない。

そう考えていたのである。でなければ、コンペを実施させたりはしないだろう。

だが、大阪の第四師団司令部庁舎は、まちがいなく軍事施設のひとつである。指揮命令系統の中枢をになう建築にほかならない。

とうぜん、大阪市や大阪市民の意向などは、歯牙にもかけられなかった。大日本帝国の軍部が執着した西洋風に、形はまとめられなければならなかったのである。あくまでも、軍の建築家たちだけが、建築計画をすすめるという格好で。

大日本帝国の旧軍は、日本精神にこだわった。武士道などの日本主義を、となえつづけてきたはずである。以上のように、なんとなく考えている人は、少なくないだろう。

しかし、建築を見るかぎり、そういう歴史の見取図はなりたたない。旧軍は、西洋建築を日本各地にたてていく、その推進母体でもあった。すくなくとも、そのひとつであったことは、いなめない。

建築や住居へ目をむければ、常套的な見方とはちがう何かが、うかんでくる。建築畑以外の読者にも、その意外性をかみしめていただければと思い、あえて書きとめた。

第四章　カーネルおじさん、ペコちゃん、くいだおれ太郎……店頭におかれる人形の謎

カーネル人形誕生秘話

ケンタッキーフライドチキンは、世界中で売られている。日本にも、店舗はたくさんある。外資系の会社だが、もう日本社会にすっかりとけこんでいると、みなしうる。

たとえば、この会社は毎年東京と大阪で、鶏の供養をおこなっている。チキン感謝祭という名で、食材となった鶏の霊をなぐさめてきた。祭場は、それぞれ東伏見稲荷神社と住吉大社である。日本での創業まもない一九七四年から、この祭礼は恒例になっているという。

本家のアメリカでは、まずこういうことをしないだろう。想いつきさえしないのではないか。そもそも、西洋世界では、鶏に霊魂らしい何かがあると、誰も考えまい。

ケンタッキーフライドチキンは、日本以外のアジア世界にも、進出している。インドネシア、トルコ、などイスラム世界へも。しかし、そういったところでも、鶏供養はおこなわれていないと思う。慰霊のいとなみがなりたつのは、日本ケンタッキーの営業区域にかぎられよう。

くりかえすが、日本ケンタッキーは外資系の企業である。アメリカ資本と日本資本による合弁会社として、発足した。

日本人の多くは、外資系という言葉の響きに、商習慣の溝を想いえがくかもしれない。日本の慣例になじまず、あちら流の手法をおしとおしやすい企業だ、と。日本流の商取引を非関税障壁だととらえ、威圧的に批判する。そんな「ガイジン」の姿が脳裏をよぎり、けむたがるむきもいるだろう。

しかし、神社で鶏のために供養祭をいとなむ会社も、外資系のなかにはある。日本社会へとけこもうと、そこまで歩みよるところも、いっぽうには存在する。

じっさい、日本の食材会社にだって、動物の供養まではやっていない企業もあるだろう。日本ケンタッキーは、日本企業より日本らしくあろうとする志も、いだいている。まあ、アメリカの本社で、チキン感謝祭がどう思われているのかは、わからぬが。

日本ケンタッキーの日本化については、もう一点のべそえたいことがある。

読者は、各店舗の店先に、人形がたっていることを、よく知っておられよう。白髪、白鬚で白いスーツを着こなす老人、カーネル・サンダースの像があることを。じつは、あれも日本社会にあわせてひねりだされた広告の媒体なのである。

アメリカへ、しばしばでかける人なら、たいていい気づいておられよう。本国アメリカでは、ケンタッキーの店舗に、あの人形がないことを。

カーネル・サンダースじたいは、アメリカでもよく知られている。ひところは、当人じしんがテレビのコマーシャルにも、よくでていた。大統領のつぎに有名なのは彼だと、そうはやされたことも、なかったわけではない。

本名は、ハーランド・サンダース。ケンタッキーフライドチキンの創業者である。カーネル（Colonel）は、大佐という軍隊の位階をさししめす。カーネル・サンダースは、サンダース大佐という意味になる。

もちろん、この創業者が米軍のなかで、大佐になったわけではない。アメリカの南西部諸州では、州への貢献があった者に、よくこの称号がおくられる。サンダースも、ケンタッキー州知事から、カーネルを贈呈された。そして、それをそのまま営業にも、いかしている。いかにも南部らしくひびくと、私の知るアメリカの人たちも言っていた。ざんねんながら、私にそのニュアンスはわからない。

サンダースの肖像写真は、アメリカの店舗にもよくおいてある。油絵の肖像画をかざった店も、なくはない。だが、日本で見かけるような等身大の人形を、店先へ設置したところは皆無である。本国では、もっぱら、二次元のマスコットになっているということか。

メイド・イン・ジャパンの人形作戦

私は、ここまでのべてきた日米の違いに、一九八七年の秋ごろから、気づきだしていた。アメリカへでむいて、発見したわけではない。日本にいながら、そうか、そういうことだったのかと、想いついている。

私は日本にあるケンタッキーの某店舗で、アメリカの観光客に遭遇した。見れば、数人づれのグループである。みな人形をおもしろがっている。とうとう、交代で人形の横にたち、記念撮影までやりだした。

どうやら、カーネル・サンダースの立像はめずらしくうつるらしい。彼らを見かけた時から、なんとなくそんな印象を、私はいだきだしている。そして、職場に滞在していたアメリカ人とも話しあい、この認識は決定的になった。

彼は、私につげてくれたのである。人形の横で、記念写真をとりたがる旅行者がいるだろうことは、よくわかる。とにかく、自分はあんな人形をアメリカで見たことがない。日本へきて、はじめて目にした時はびっくりした。アメリカ人なら、みんなおどろくよ、あれを見たら、と。

その後、私は日本ケンタッキーの本社へ、直接おもむき話を聞いた。そして、あの人形がメイド・イン・ジャパンのひとつであることを、たしかめている。

ケンタッキーフライドチキンは、一九七〇年から、日本でも営業をはじめている。最初に店をだしたのは、大阪万博、ＥＸＰＯ'70の会場である。そこでの売り上げは悪くなく、万博会場以外のところへも店をだすことが、決定された。その第一号店は、名古屋郊外の某ショッピングセンターがもつ駐車場ぞいであったという。

アメリカの場合と同じように、ドライバーむけという戦略で、のぞみだしたらしい。日本におけるモータリゼーションの可能性を、それだけ高く買っていたようである。二号店以後の初期店舗も、みなアメリカ流の郊外展開を前提として、立地がきめられた。

しかし、このもくろみどおりには、なかなかことがはこばない。ドライバーを相手にした郊外立地の店は、ことごとく失敗した。

けっきょく、日本ケンタッキーは、この当初の方針を放棄する。営業の重点を、都心の繁華街へうつしていった。

と同時に、創業者のサンダースを人形化する企画が、アメリカ側からもちだされる。たまたま、カナダでイベント用にこしらえた一体が、ヒントになったらしい。だが、とにかく、日本側の関係者たちも、それをいいアイデアとしてうけとめた。

なるほど、創業者を不二家が店先へだしているペコちゃんのようにするのか。それなら、日本人にもよろこばれるかもしれない。以上のような判断もあり、繊維強化プラスチックの人形は、こしらえられた。ペコちゃんと同じで、すべての店舗へおくことになったのである。マネキンとなったカーネル・サンダースを。

そして、この人形作戦は、図にあたった。カーネル・サンダースの白い像がアイキャッチとなり、集客には大きな効果を発揮する。とりわけ、子どもをひきつける力は圧倒的であったと、取材で私はおしえられた。

今、アジアの国々には、あの人形をとりいれているところが、いくつかある。ケンタッキーの店先で、カーネル・サンダースの立像を見ることが、海外でもなくはない。人によっては、ケンタッキーの店舗だからおいてあるのだなと、判断されようか。しかし、そうではない。アメリカの本社も、日本以外の国では、人形の普及を考えてこなかった。外国の店頭にある人形は、みな日本からもたらされている。メイド・イン・ジャパンが、グローバル化していった。そのたまものにほかならない。

おそらく、あの人形をとりいれた店は、子どもによろこばれることを期待していよう。

日本で子どもを動員したように、自分の店でも子どもをよびよせられるのではないか、と。

しかし、欧米の店舗で、私はまだあの人形を見たことがない。どこかの国際空港で、エアポート・ショップの前にあるのを、目撃したような気はする。しかし、市中のケンタッキーフライドチキンでは、まずお目にかかれない。

くらべて、私は思う。子どもをそそって、客をひきつけようとする営業は、日本でこそうけいれられてきた。しかし、欧米では、それがいましめられているのかもしれないな、と。

薬局のマスコット

あなたの国に、ケンタッキーフライドチキンの店舗はありますか。あるというのなら、おしえて下さい。その店先に、カーネル・サンダースの人形はおいてあるでしょうか。そう、日本でよく見かけるあの人形です。その有る無しを知りたいのですが、いかがでしょう。

ひところ、私は外国人とであうたびに、そんな質問をぶつけていた。おかげで、日本在住のさるアメリカ人から、こう言われたこともある。あの人形を見るたびに、井上さんの顔を想いだしてしまうんだ、と。

気の毒なことである。それで、フライドチキンが食べられなくなってしまったのなら、まことにもうしわけない。まあ、彼がケンタッキーぎらいになったと、言っていたわけではないけれども。

べつのオランダ人から、おもしろい感想をもらったことがある。オランダのケンタッキーフライドチキンに、カーネル・サンダースの人形はない。そうことわったうえで、彼はこんなコメントを私によせてくれた。

日本の薬局は、しばしば店先に動物の人形をおいている。ウサギやカエル、そしてゾウなどが、路上の人びとをさそっているように見える。

はじめて日本をおとずれ、東京の街を歩いた時に、見かけておどろいた。あんなもの、アムステルダムの薬局では、ぜったいありえない。いや、オランダだけでなく、ほかの国々にも、ああいう店構えはないだろう。どうして、日本では薬局の前に、カエルやゾウがかざられるのか。ぜひとも、おしえてほしい、と。

言われて、私もかみしめた。たしかに、カエルなどの人形を店頭へおく薬局の光景は、諸外国で見かけない。おそらく、日本だけの構図であろう。そして、これはカーネル・サンダース人形が、まず日本で普及したこととどもつうじあう。現代日本社会のあるかたよりが、都市景観に投影されているのだろうと、痛感した。

くだんのオランダ人は、さらにつぎのような憶測も披露する。

薬局のゾウで、自分はインドの象神信仰を想いだしている。日本にも、あれと同じような信仰があるのだろうか、ひょっとしたら、ゾウに健康のねがいをたくしているのかもしれない。最初はそう思ったというのである。

あとになって、とくべつな宗教心はなさそうだと、うけとめるようになったらしい。ディズニーランドのマスコットめいたものだと、わきまえるにいたっている。だが、初見の折には、考えこまされたものだと、私はつげられた。

そう、たしかにカエルやウサギは、もちろんゾウも、薬局のマスコットである。信仰心とは、かかわらない。

しかし、そういうマスコットが、薬局の前にたちならぶのは、どうしてか。アメリカでなら、ディズニーランドをはじめとする遊園地のなかに、とどまっている。そうひんぱんには、市中へとびださない。そうしたマスコットが、日本だと薬局の前にまであふれだすのは、なぜなのだろう。

私は、くだんのオランダ人と話しあって、そんな疑問をいだきだした。考えてみなければならない課題を、外国人からあたえられたのである。

象神信仰とのつながりを示唆されたせいだろう。私も、はじめのうちは、これらのマスコットを民俗学的に考えた。たとえば、カエルのことも、油の薬でおなじみのガマが現代的に転生してできたのか、と。

カエルがおかれた理由

かつて、路上の薬売りは、「四六《しろく》のガマ」がだすという油を傷薬としてあつかった。香具師めいた口上で、これを往来の人びとに売りこんだのである。自分の腕に刀傷をつけ、それをガマの油でもとどおりになおすという技も、見せながら。

一種の手品であり、今は倫理的にゆるされない。そもそも、路上で薬を売ることじたいが、薬機法では禁じられている。まあ、大道芸のパフォーマンス、一種の伝統芸として温存させている地域はあるが。

カエルの人形をマスコットとして製作させたのは、製薬会社の興和である。世代によっては、コルゲンコーワのテレビ広告とともにおぼえている人も、おられよう。カエルの人形が、子役（保積《ほづみ》ぺぺ）にからかわれるコマーシャルを。

一九九〇年に、私はその興和も、取材でたずねている。そして、マスコットにカエルがえらばれた理由も、問うてみた。

ガマの油を薬とした伝統が、そこにはひそんでいるかもしれない。そんな私の推量は、しかしあっけなくくつがえされている。カエルが採用されたのは、その擬声語、鳴き声が薬にふさわしいとされたためであった。「ケロリ」となおることが、なによりも期待されたのである。

子役がカエルの人形をなじるテレビの広告は、一九六四年にながされている。人形は、放映の前ごろから、興和がたのみやすい薬局においてもらったのだという。テレビを見た子どもが、薬ならカエルのある店で買ってきてとたのむことを、あてこんで。もちろん、コルゲンコーワが買われることも、ねがいつつ。

ゾウの人形（佐藤製薬）やウサギの人形（エスエス製薬）も、設置の事情はかわらない。どちらも、カエルの場合と同じように、子どもを人形でそそろうとしていた。子どもが親にせがむ、その甘えを売り上げの向上へつなげることが、はかられたのである。

動機は、ケンタッキーフライドチキンのカーネル・サンダース人形と、かさなりあう。

どちらにもつうじる日本的な景観は、子どもをねらった営業に、ねざしていた。日本人は、子どもにふりまわされてきたのかと、考えこまされる。

二一世紀に新しくできたドラッグ・ストアは、しかしこういう人形をおいていない。カエルやゾウのいる薬局の光景も、このごろは、やや古風にうつる。薬の消費者にしめる児童の比重が、高齢者の増加により、軽くなったせいか。

店頭人形が、いちばんにぎやかに商店をかざったのは、いわゆるバブル期であったろう。北野印度会社のたけし像をはじめ、あのころはさまざまな人形が世にあらわれた。そして、バブル崩壊後は、そんな光景も、すこしおちついてきたように思う。

そのいっぽうで、着ぐるみの「ゆるキャラ」は、逆にあふれだしている。こちらは、商店のみならず、行政や学校にも利用されだした。公的機関までふくめ、幼稚になってきたものだなと感じいる。

私は「ゆるキャラ」事情にうとく、その発達史をうまく説明しきれない。しかし、子どもっぽさという点では、店頭人形をひきついでいるところもあるだろう。ここでは、日本の景観にひそむ幼児性を、着ぐるみの先輩にあたる人形で、論じてみた。そううけとってもらえれば、ありがたい。

不二家のペコちゃんは

カーネル・サンダースを人形化して、店頭においてみよう。そんな提案がなされた時、日本ケンタッキーの日本人たちは、好意的にこれをうけとめた。創業者を、不二家のペコちゃんと同じようにあつかうのだな。以上のような合意は、すぐにとりつけられたと、私は取材で聞いている。

日本ケンタッキーが先行例として敬意をはらった不二家に、こんどは目をむけよう。

創業は百年以上前、一九一〇年に小さな洋菓子店として、それははじまった。立地は、横浜の元町である。まだ、日本人のあいだに洋菓子がひろがっていくような時代ではない。初期の不二家は、横浜にいた西洋人を顧客としつつ、店をなりたたせていた。

不二家の名も、フジヤマ（富士山）の西洋における人気を、あてこんでいただろう。エキゾティックに語られたフジが念頭にあり、この店名はきめられたと思う。もちろん、直接的な由来は創業者の名、藤井林右衛門《りんえもん》にあるのだが。

戦前の日本人にも、高級洋菓子の店として、不二家を知る者はいた。『知と愛』（一九三九年）は深田久彌《きゅうや》の小説だが、そこでも不二家は話題になっている。作中、ある富豪は、その金満家ぶりが学生の会話をつうじ、こう評された。彼の豪邸へいったら、「不二家のパイを御馳走になったよ」、と。

ただ、そんな不二家も、一九三〇年代のなかごろからは、方針を転換しだしていた。子どもむけのキャラメルも、そのころには、てがけている。たとえば、アメリカのアニメにあやかったポパイ・キャラメルなどを。

戦後の一九五〇年には、店頭へペコちゃんの人形もおきだしている。子どものたのしめるところだという店構えを、はっきりうちだした。親子づれ、家族で洋食のレストランへでかけ、いっしょに食事をする。そんな戦後の時代相とともに、不二家は高度大衆社会の表舞台へのりだした。もちろん、ミルキーを子どもになじませることも、ねらいつつ。

『オール生活』という雑誌の一九五四年一月号に、こうある。

「ミルキー一つを売り出すために、会社員はあらん限りの知能をしぼった。例の不二家の支店という支店、ミルキーを売る小売店という小売店の店頭に置かれた『ペコちゃん』『ポコちゃん』の首振り人形……これを考え出して、あれだけ子供の世界に融けこませた先見の見事さ……」（「有名商品売りだし記――ミルキーの巻」）

子どもがよろこびそうな人形を店先へおいて、彼らをひきつける。そのチェーン展開で売り上げをのばすという営業戦略は、ここにはじまった。カーネル・サンダースもコルゲンコーワのカエルも、その延長線上にある。現代日本を特徴づける幼稚な光景は、二〇世紀のなかばに浮上したのである。

ところで、さきほど引用した雑誌記事には、ポコちゃんという名前ものっている。今、不二家の店先には、女児のペコちゃんしかいない。しかし、人形による街頭宣伝をはじめてしばらくのあいだは、男児のそれもおいていた。ねんのため、のべそえる。

くいだおれ太郎は道頓堀に

くりかえすが、不二家は一九五〇年に、店頭へペコちゃんの人形を設置した。ちょうど同じころに、大阪の道頓堀でも、似たような宣伝がはじめられている。前年から営業を開始したくいだおれ食堂が、この年、店先に動く人形をすえつけた。のちに、くいだおれ太郎と名づけられた人形を。

人形は、赤と白のストライプ模様になった服を、身につけている。いわゆる仕掛け人形で、前にかかえた太鼓を、しばしばたたきもした。チンドン屋と言ってもいいような装いになっている。街をねりあるく宣伝マンが人形化され、店先の常勤になったのだと、みなしうる。

人形の設置については、くいだおれ食堂なりの時代にたいする嗅覚もあった。戦後の荒廃から、日本はたちなおりだしている。もうすぐ、夫婦が子どもといっしょに外食をたのしむ時代も、やってくる。料亭などへいくのが、大人の男だけだった時代は、すぎさった。子どもにもよろこばれる店づくりを、これからは考えなければならないという読みが。

くいだおれ食堂は、できた時からチェーン展開に消極的であった。むしろ、いましめてもいただろう。その点では、不二家とのあいだに違いもある。

しかし、人形で子どもをさそおうとする構えは、ひびきあっていた。東京と大阪で、ほぼ同時に、共通の時勢が作動したのだと考える。

くいだおれ食堂は、一九五九年に自社ビルを建設した。当初の木造建物をこわし、同じ敷地に八階建のビルをたてている。それだけ、事業は順調にはこんでいたということか。だが、大阪の金融機関は、このビル建設に資金を融通しようとしなかった。当時の銀行は、くいだおれの人形に難色をしめしたのである。あんなものをビルの正面へおくのなら、いっさい融資はしないというように。

けっきょく、くいだおれ食堂は、建設費の全額を自己資金で調達した。銀行のお世話には、ならなかったのである。

それだけ、大阪の金融界はけちくさかったのだと、考えないでほしい。当時の経済人たちは、まだ大人の常識をもっていた。人形で子どもにすりよる営業を、彼らはいさぎよしとしない。子どもだましめいた意匠が街にあらわれることを、くいとめようとした。そういう欧米風の価値観が、まだたもたれていたということか。

しかし、今の道頓堀界隈に、成熟をよしとする観念はない。あのあたりでは、多くの店が、子どもうけのしそうな工作物を、正面にかかげている。カニやフグ、そしてタコなどの大きな模型を。

大阪人が、それだけにぎやかなものを好んでいるのだと、私は考えない。子どもをだしにして、セールスを拡大する。そんな戦後日本の近代的な商法が、あそこでいちばんすすんだのだと思っている。

チャイルディッシュなたたずまい

ここからは、余談である。書かないほうが、評論としての値打ちは、たもてるかもしれない。しかし、あえて書く。

一九六〇年代のおわりごろからであったろう。日本の都市部には、ヨーロッパの古城を

ホテル目黒エンペラー(東京・目黒)

手本としたようなラブホテルが、たちだした。その典型例は、なんと言っても、目黒エンペラーであったろう。ドイツのノイシュバンシュタイン城にあやかった建築だが、一九七三年にできている。
その竣工にさいしては、欧米のメディアもおもしろがった。東京にディズニーランドができたと、あるアメリカの週刊誌はつたえている(「ディズニーランド?」『ニューズウィーク』一九七三年四月二日付)。東京ディズニーランドが開園したのは一九八三年だが、その十年前に。
たしかに、アメリカのディズニーランドも、似たような施設をもうけていた。ノイシュバンシュタイン城をまねたとおぼしき建築が、たっている。シンデレラ城とよばれる城が、それである。

いや、モデルとなったのは、ノイシュバンシュタイン城にかぎらない。白雪姫や眠り姫の絵本にえがかれるような城も、よくまねられた。アメリカの遊園地では、それがちょっとした建築上の常套になっている。メルヘン的な城は、子どもをひきつけるうってつけの建築意匠だと、みなされてきた。ディズニーランド以外のレジャーランドでも。

おわかりだろうか。ヨーロッパにある古城の形は、アメリカだと子どものあそぶ施設にばけている。そして、日本では大人がたわむれるラブホテルの意匠になった。

同じヨーロッパの手本が、太平洋の東では児童むきにアレンジされている。太平洋の西へくると、大人が性交渉をくりひろげる舞台に変容した。これは、いったいどういうことなのか。

今すぐには、その答えが見いだせない。だが、つぎにのべることだけは、強調しておきたいと思う。

日本にできたラブホテルは、欧米人にディズニーランド風だと、はやされた。言葉をかえれば、いささか子どもじみた建築だと、思われたのである。大人が、あんな遊園地じみたところで、ことにおよぶのか。そんな含みも、東京にディズニーランドができたという報道は、こめていただろう。

日本の店舗は、店頭人形をおくことで、しばしば子どもっぽい印象をただよわす。私はそうのべてきたが、ことは人形だけにとどまらない。ラブホテルもふくめ、日本にはチャイルディッシュなたたずまいをよろこぶ何かがある。今はうまく整理しきれないのだが、いずれはきちんと検討していきたい。

第五章　安全か景観か

路上営業は禁じられ

飲食店が、表通りへ椅子とテーブルをならべ、そこに客をすわらせる。公道の路上を、来店者がもてなせる場として、利用する。欧米では、南米もふくめ、そうした光景を、よく見かける。広場に面した店などは、数列にわたり椅子やテーブルをひろげたりもする。

日本でも、このごろは屋外へ接客の場をもうける店が、ふえてきた。ただ、表の一般道へ椅子とテーブルをおくところは、まだほとんど見かけない。公道は、基本的に人びとや車が行き来をする場所だと、されている。食事をたのしむスペースだとは、みなされていない。

路上の簡易店舗じたいは、日本でも、二〇世紀のなかごろまで、よくあった。飲食にかぎらず、路上へ露店がならぶ光景じたいは、ひろくなじまれていただろう。今は人と車しかとおらなくなった道にも、夜店などが軒をつらねていたものである。

二〇世紀後半の管理当局は、これを本格的にとりしまりだしている。おかげで、露店営業は、寺社の縁日など祭礼の日を例外として、なりたちゆかなくなる。

路上の管理にあたる当局者は、露店や夜店を不体裁ないとなみだと、判断した。とりわけ、戦後にできた闇市などを。じじつ、このとりしまりは、彼らが世界の目を意識しだしたころから、強化された。東京オリンピック（一九六四年）へむかう時勢のなかで、露店はきえていったのである。

とはいえ、体裁の悪さだけが理由で、それらを路上からしめだしたわけではない。行政上の管理がむずかしい営業を街からおいだすことも、当局はめざしていただろう。固定資産税をはらわぬ業者の追放も、身も蓋もなく書けばねらっていたと思う。

税をきちんとおさめている。あるいは、テナント料などの形で、税収増に間接的ながら貢献してきた。そんな業者、しっかりした店をもつ商人の利益を、当局はまもろうとしたのである。表面的には、見ぐるしいとされた業態の一掃を、はかっているようにうつったとしても。

いずれにせよ、こうした措置は飲食店の営業へも、およんでいく。接客の場を路上へひろげることも、ゆるされなくなった。そのことを第一にねらっての施政であったとは、思わない。露店排除という行政による方向づけの副産物、とばっちりをくらったまでだろう。しかし、これで欧米風の、路上へあふれる飲食店はなりたたなくなった。

さて、のほうずな露店営業の増殖は、海外でもたいていいやがられる。それらは、場所や時間をくぎり、限定的に出店の許可をもらうことで、生きのびてきた。すくなくとも、いわゆる先進国では、抑制的にあつかわれる傾向がある。闇市などのふえることをよろこぶ近代国家があるとは、とうてい思えない。

にもかかわらず、欧米諸国では飲食店が路上へひろがることを、禁じなかった。日本と同じように、露店の増大をきらっている。その点ではつうじあっているのに、公道へ椅子とテーブルをだすことは、みとめてきた。いったい、日本とくらべ、何がどうちがっているのだろう。

路上へ営業を拡大する欧米の飲食店は、みな道路の管理者へ、利用料をはらっている。この営業は、行政当局に収入をもたらしてもいるのである。言いかえれば、税収以外の収益を。欧米では、飲食店の接客空間が路上へあふれだすことを、いとわない。それも、この利益がみこめるからだと、とりあえずみなしうる。

日本では、しかし行政がそういう収入を、ほしがろうとしなかった。飲食店の営業をめぐっては、店舗のなかへふうじこめることに、むしろつとめている。路上の貸し手として借料をとる手もあったのに、そうはしなかった。いったい、なぜか。

さきほどは、固定資産税が期待できない露店営業を、日本の行政がきらったと説明した。

路上の飲食業展開も、そのままぞえでみとめられなくなったと、のべている。

だが、店舗をかまえた飲食店からなら、欧米と同じで、道路の利用料をとりうる。にもかかわらず、日本では、飲食の場が屋内へとじこめられた。その背景を、当局側の収入うんぬんという経済事情で説明しきるわけには、いくまい。何か、もっとほかの、経済以外の要素も、あわせて考える必要があるだろう。

ねんのため、のべそえる。欧米の都市は、飲食店に隣接する路上の営業をゆるしていると、何度も書いてきた。しかし、それが大目に見られている業種は、ほぼ外食にかぎられる。その他の、たとえば雑貨商や家具商には、みとめられていない。

当局は、その気になれば、雑貨商の店外進出をゆるるし、彼らからも道路の借料をとれる。だが、そういう集金策に、欧米の行政はのりだしてこなかった。路上の利用が公認されているのは、レストランやカフェだけなのである。

その理由も、やはり賃貸の収益などといった経済的な要因では、語りつくせない。飲食店の屋外展開を特権化してしまう経済外のからくりを、考えねばならないと思う。

糞だらけの街

パリのことを、はじめておとずれた折に、けっこう不潔な街だなと感じたことがある。今から四十年以上前、一九七六年の夏だが、当時は路上にけっこうゴミがおちていた。なかでも、犬の糞がそこかしこにちらばっていたことには、げんなりさせられている。

犬の散歩にでかけるパリの人びとは、そのころ糞の始末を、ほとんどしなかった。路上に、そのまま放置していたのである。そもそも、彼らはおちた糞をひろって、もちかえる用意を、していなかった。

犬をつれた日本の散歩者は、たいてい糞挟みや糞がつつめる袋などをたずさえている。自分は糞もちゃんと処理をしますよと、まわりにわかるいでたちで、散歩にでる。それが、もうそのころには、犬をともなう人びとのたしなみとなっていた。

ちなみに、日本でこういう習慣が定着したのは、道路の舗装がすすめられてからだろう。土と砂利の道が大勢をしめていたころだと、犬の糞はおきざりにされていたと思う。ほうっておいても、雨がふれば糞はくずれてながされ、地中へしみこんでいったから。

だが、アスファルトで舗装された道路に、糞はとけこまない。いつまでも、路上にのこされる。それが不衛生だということで、行政の指導もあり、糞はもちかえられるようになった。

パリの道路舗装は、石畳だが、日本よりはやくにととのえられている。その路上へ、パリの人びとは地中にしみいらない糞を、そのままのこしていた。しかも、彼らはあまりそのことを気にとめない。きたない街であり、不潔な人たちだなと私が感じたのは、そういう光景を見たためである。

その後、私はパリ以外の都市でも、路上に糞の散乱している様子を、目撃している。それが、汎ヨーロッパ的な傾向、とりわけ南欧にいちじるしいことを、たしかめた。

ただ、私が若いころにはじめておりたったヨーロッパの都市は、パリである。だから、糞の光景も、最初はパリ的なそれとしてうけとめた。ほんらいは、一九七〇年代のヨーロッパにおける話として、書くべきところであろう。それを、パリでの体験談にしてしまっていることは、ねんのためことわっておく。

パリで私は、最初、糞をふまないよう、足さばきにも気をつけながら、街を散策した。だが、私の目は建物や道路標識へもむかい、いやおうなく糞の位置を見おとすことになる。ふまずにすますことは、一週間も滞在すれば、まず不可能であった。

ただ、日本より空気がかわいているせいであろう。私がふみつけてしまった糞は、たいていひからびており、すぐこなごなになった。靴へそれがこびりついてしまったという記憶は、あまりない。

そして、粉砕された犬の糞は、風がふけば宙へまいあがった。それが、砂塵ならぬ糞塵を、しばしばまきおこす光景も、私はながめている。

某カフェで、路上の椅子へ腰をかけ、本を読みつつ、長時間ねばった時のことである。気がつけば、卓上のカップでは、のこったコーヒーの表面に、うっすら粉がうかんでいた。ひょっとしたら、風ではこばれた糞の粉かもしれない。そうおびえた私は、コーヒーをのこしたまま、店をたちさっている。

もちろん、その粉が例の糞塵であると、断定できるわけではない。しかし、外気にさらされたテーブルの上へ、屋外の粉はまちがいなく舞いおりていた。なんらかの宙をただようゴミに、そこがさらされていたことは、うたがえない。

そうか、こちらの人びとは、こういうところでも食事がたのしめるのか。衛生面では、けっこう鈍感なところがあるんだなと、その時感じたことをおぼえている。同時に、日本人は神経質でありすぎるのかもしれないと、そう思ったことも。

排気ガスにさらされて

話題をかえるが、当時は車の排気ガスを規制する基準が、今よりずっと甘かった。そのガスを、もろにあびるかもしれない屋外で、人びとは食事をとっていたのである。今ふりかえれば、健康面での安全性を保証しかねる場での飲食だったと考える。

犬の糞がひからびてできた粉末ぐらいなら、少々体内にはいっても、被害はなかったろう。印象は不潔きわまりないが、実害のほどはしれている。しかし、当時の車がまきちらす排気ガスは、あなどれない。累積されれば、悪影響のあることは、否定しきれないだろう。

日本の行政当局がいちばんおそれたのは、この健康被害だったと考える。路上での食事をゆるさず、飲食の場を店内へ封じこめた。店の敷地内、たとえば庭でもそれをみとめず、壁や窓のむこう側へおしこめてしまう。この判断は、衛生行政、保健所方面のそれにもささえられていたのではないか。

まあ、路上の食卓へ車やバイクがとびこむ可能性も、懸念されてはいただろうけれど。

二一世紀にはいり、自動車の排気ガス規制は、よほどその水準が高くなってきた。店の敷地内であれば、屋外での飲食をみとめる。以上のような方針が日本でうちだされたのも、

1885年創業のカフェ、レ・ドゥ・マゴ（フランス・パリ）

そのせいであったと思う。今の基準がまもられていれば、排気ガスによる被害はおこるまい。そう判断をされたうえでの新しい施策だと、私はうけとめている。

くらべれば、ヨーロッパは、古くから屋外での食事におおらかな姿勢をとっていた。今より排気ガスの質がずっと悪かった時代から、公認していたのである。

少々衛生面に不安はあっても、食事時には街をたのしもう。街並や広場の光景は、食卓をうるおわす、そのいろどりとなる。以上のような想いは、日本よりずっと強かったのだろう。

ついでに書くが、今のヨーロッパは、パリもふくめ、犬の糞を路上から除去している。以前とくらべれば、道はすっかり清潔になってきた。

カフェでコーヒーを飲むさいに、もう糞塵でなやむ必要はなくなったと思う。

歩道橋の意味するもの

車のゆきかう車道を、歩行者が横切ることは、ふつうゆるされない。それがみとめられるのは、横断歩道がもうけられた場所にかぎられる。しかも、交通信号が青をしめし、わたってもいいと指示をしている時だけに。まあ、信号のない横断歩道では、そういうわけにもいくまいが。

車の交通量が多く、歩行者の数が少ないところでは、歩道橋をもうけることもある。歩行者に階段をのぼらせ、横断用の陸橋をわたらせる施設である。そのあがりおりは、めんどうくさい。しかし、車の動線と人のそれを立体交差でわけへだて、安全性を高める効果はある。

日本では、この歩道橋をよく見かける。駅前の交差点などでは、この陸橋が縦横にめぐらされているところも、なくはない。陸橋の歩道部分がひろげられ、人工地盤となっているところもある。いわゆるペデストリアンデッキである。

しかし、この歩道橋を、私は東アジア以外であまり見かけない。

仙台駅西口のペデストリアンデッキ網

走行中の車が歩行者を、しばしばはねとばす。自動車時代をむかえた社会では、どこでもその危険性になやまされてきた。事故をなくすために、いろいろな工夫がひねりだされてきたものである。

歩道橋の設営もその一例にほかならない。ただ、これが普及している度合いは、圧倒的に日本や中国、そして韓国がきわだつ。この三国ほど、あちこちに設置している国は、ないと思う。

いわゆる第三世界の国々で、歩道橋を目にしたことが、ないわけではない。だが、現地でその設置理由をたずねると、よくこう言いかえされた。日本からのODAで、こしらえました。でも、われわれはあまりつかわないですね。階段ののぼりおりがわずらわしいので……。

欧米の都市でも、私はこれをまず見ない。ヨーロッパの歴史的な都市では、すくなくとも市街地に関するかぎり、絶無だったと思う。のみならず、パリやローマの市中に、歩道橋のある光景を、私は想像することができない。

たいていの歩道橋は、鉄骨でくみたてられている。交通上の安全性だけを高めようとする、まことに武骨な構築物である。都市の美観にたいする配慮は、まったくうかがえない。ああいう不細工な施設が、パリやローマの街並にふさわしいとは、思えないのである。

ためしに、シャンゼリゼ通りを横断する陸橋の姿を、想いえがいてほしい。あるいは、コロッセウムの前を、空中で横切る鉄骨橋の構図を、脳裏にうかべてみよう。どう考えても、景観的にはぶちこわしだと言うしかない。

なるほど、交通安全を第一に考えれば、歩道橋にも存在意義はある。しかし、設置してしまえば、都市景観がくずされる。そういう場合、ヨーロッパの都市は、これまでにつちかってきた街並を重んじる。安全がいちばんだとは、考えない。

いっぽう、日本では安全がなによりも重視される。不粋な歩道橋やペデストリアンデッキがそこかしこにあるのは、そのためである。都市景観などは、安全のためなら、少々犠牲になってもかまわない。日本の当局者は、そんな判断にもとづき、都市行政をうごかしてきたのである。

いや、そもそも、日本ではビルの外観が、地権者や建築家の自由裁量にゆだねられてきた。おかげで、てんでんばらばらな構えのビルがならぶ、乱雑な街並ができている。建築的な自由を抑圧したヨーロッパ的な調和は、のぞむべくもない。

街並のみだれた日本の市街地に歩道橋をもうけても、景観上のダメージはかぎられる。もともとくずれているので、それほど大きな痛手はこうむらない。わずかばかりの夾雑物《きょうざつぶつ》でけがされるヨーロッパの都市景観とは、風景上の耐性がちがう。あちらの街並はデリケートにできているが、こちらのそれは打たれ強いのである。

街並は借景にいかせるか

もういちど、飲食店の話をくりかえす。ヨーロッパの店は、路上へ椅子とテーブルをもちだし、客を屋外でもてなす傾向がある。衛生面の不安は覚悟をしたうえで、街並をたのしませようとしてきた。建築群のおりなす景観を、目の御馳走とみなし、店舗の演出にいかしてきたのである。ある種の借景ででもあるかのように。

しかし、日本の不統一な街並は、レストランの美的なそえものになりえない。そもそも、歩道橋をおいても、たいして打撃をうけないようなていどの景観なのである。店を都市空間へむかってひらいても、視覚的なもてなしにはならないだろう。

深山幽谷《しんざんゆうこく》のレストランなら、日本の店もその自然美を来客にあじわわせると思う。それと同じことを、ヨーロッパの店は都心の市街地でくりひろげている。あちらでは、街並が、日本人にとっての山水に相当する価値をもつということか。

日本の都市部に立地する店は、安心して都市の景観に背をむけることができる。街並から目をそむけるのはもったいないと、外の景観に未練を感じる店などありえない。心安らかに、衛生上の配慮を優先させ、すべてを屋内へおしこむことが可能になる。じじつ、都心の飲食店は、たいていそういう構えをとってきた。

いずれにせよ、日本の都市は市民の安全を、景観美より優先する。交通安全のためには、不細工な歩道橋をおくこともいとわない。都市にむかってひらかれた飲食店をみとめず、衛生的な店構えを良しとする。外部の不衛生な環境からは内側をとざした、自閉的な構成を。

その意味で、歩道橋と外部から切断された飲食店のつくりは、たがいにつうじあう。どちらも安全対策を重んじる日本的な行政の、そのたまものにほかならない。あるいは、都市の景観など、かえりみようともしない近代日本の産物と言うべきか。

「東洋のヴェネツィア」とよばれたころ

ヴェネツィアは運河の街である。街のいたるところに、運河がとおっている。交通手段も、徒歩以外は船の水運しかない。自動車の通行は、公的な用途のものをのぞき、旧市街だと、ほぼ全面的に禁止されている。

街並はすばらしく、私はおとずれるたびに陶然としてしまう。運河や街が見わたせるカフェで、屋外の席へすわりこみ鑑賞にふけることも、よくある。

ただ、そこで深酒におよぶことは、ひかえてきた。酔って千鳥足になると、運河におちてしまう危険性がある。

運河ぞいの手摺へすがりつけば、転落はさけられると思われようか。しかし、ヴェネツィアの運河に、手摺はほとんどない。橋の多くには、小さな欄干のそなえがある。だが、運河と陸路のあいだに、人の落下をくいとめる工作物は、あまり見あたらない。運河へ面したところは、たいていオープンな構えをとっている。

手摺などをもうければ、中世以来の伝統的な景観がくずれると、思われているのだろう。

手摺のないヴェネツィアの運河（イタリア）

おそらく、ほかの局面でも、そういう配慮が市中にゆきわたっているせいだと思う。ヴェネツィアが、歴史的な街並を今日にまでつたえることができているのは。

日本の都市行政当局は、しかしこういう状態をゆるさない。都心の川に面した道路では、安全を優先し、手摺をつくらせるだろう。水難のおそれがある箇所なら、金網で水陸を分断させてしまうかもしれない。

大阪も、もとは運河の街として知られていた。一九世紀に大阪へやってきた多くの西洋人は、口をそろえこうのべている。ここは、ヴェネツィアだ、東洋のヴェネツィアだ、と。そして、そのころの運河には、大阪でも手摺などしつらえられていない。

今の大阪は、ヴェネツィアと似ても似つかぬ都市に変貌した。運河の多くは、うめたてられている。高層ビルが林立し、高架の自動車道が市中をつらぬく現代都市になりおおせた。

運河の街という都市像も、しかしたとえば道頓堀あたりへいけば、まだのこっている。そこでは、堀ぞいのそぞろ歩きもできるように、散策路が整備された。「とんぼりリバーウォーク」が、それである。

そして、運河ぞいの「リバーウォーク」は、手摺で歩行者の安全をまもっている。彼らが道頓堀へおちないよう、行政は人命尊重に力をつくしているのである。あるいは、万が一の事故にさいしても責任が問われぬよう、用心をしていると言うべきか。行政は手摺を設置したのだから、転落事故の補償はできない、と。

道頓堀の戎橋《えびす》では、時に身投げのパフォーマンスへおよぶ人がでる。阪神タイガースの成績しだいでは、そういう男女が続出する。さすがの行政も、それをくいとめるために、戎橋を金網でおおったりは、していない。あのダイブで事故がおこっても自業自得だと、ごく一般的に了解されているからだろう。

だが、運河ぞいの散策路なら、事故者の不始末だとは言いきれない。そんな判断もあって、行政側の保身もはかるべく、手摺はもうけられている。安全対策に心をくだく度合いは、ヴェネツィアより大阪のほうが、ずっと強い。百年ほど前までは、東洋のヴェネツィアとよばれていた大阪のほうが。

たまらなく日本的な場所

ことは、手摺だけにかぎらない。日本の建築行政は、それ以外のところでも、安全面の配慮に神経をとがらせる。

火災時の避難準備は、ととのっているか。建設資材には、耐久試験や強度試験をクリアしたものが、ちゃんとつかわれているか。風圧へのそなえは、だいじょうぶか。もちろん、地震対策も、確認申請の折には、くどいほど問いただされる。

だが、意匠面の要請は、ほとんどない。街並との調和がもとめられるケースは、まれである。ヨーロッパだと、そこでしつこくいさがられるのに。

話を道頓堀界隈にもどす。勝手気儘《きまま》な色や形のビルがならび、ふぞろいな街並ができあがる。そんな日本的傾向は、あのあたりで、とりわけきわだつ。欧州の建築家には、皮肉もこめてのことだろうか、こう感嘆する者もいる。ヨーロッパではありえない表現の自由

とんぼりリバーウォークから見たグリコサイン（大阪・道頓堀）

が、ここにはある、と。

道頓堀の景観をおりなす物件のなかには、グリコの大看板がある。正面にフグやカニの大きな模型をしつらえた外食の店も、ならんでいる。幼児性を前面へおしだした建築が、あちらこちらに点在する。チャイルディッシュな日本の都市景観は、ここにきわまったとみなしうる。

建築意匠では、自我の発露をたがいにきそいあう。それが、幼児的な表現へといたることも、しばしばある。日本的な都市景観を象徴するそんな道頓堀で、歩行者は手摺にまもられていた。意匠はときはなたれているが、安全対策では自由をしばられてもいる。

この風景を見ていて、つくづく思う。われわれの身体は、子どもあつかいでもされているかのように、国家から保護されている。その安全地帯で、われわれは幼児的な自我のあふれる様子を目にしてきた。玩具箱をひっくりかえしたような、子どもの部屋じみた光景に遭遇している、と。

あの景観を、大阪人が生みだした風変わりなそれとして、うけとめるべきではない。あそこには、日本近代の姿が、集約的に投影されている。近代化、あるいは現代化がもっともすすんだ場所として、私はとらえてきた。

そして、世界の諸都市は、あそこを手本とするかのように、変貌をとげだしている。ヨーロッパの都市にさえ、このごろはその徴候が感じとれなくもない。まあ、でおくれたヴェネツィアあたりには、ふみとどまってほしいのだが。

郵 便 は が き

料金受取人払郵便

代々木局承認

1536

差出有効期間
平成30年11月
9日まで

1 5 1 8 7 9 0

203

東京都渋谷区千駄ヶ谷4-9-7

(株) 幻 冬 舎

書籍編集部宛

1518790203

ご住所 〒 都・道 府・県	
	フリガナ お名前
メール	

インターネットでも回答を受け付けております
http://www.gentosha.co.jp/e/

裏面のご感想を広告等、書籍の PR に使わせていただく場合がございます。

幻冬舎より、著者に関する新しいお知らせ・小社および関連会社、広告主からのご案内を送付することがあります。不要の場合は右の欄にレ印をご記入ください。

不要 □

本書をお買い上げいただき、誠にありがとうございました。
質問にお答えいただけたら幸いです。

◎ご購入いただいた本のタイトルをご記入ください。

『　　　　　　　　　　　　　　　　　　　　　　　　　　　　　』

★著者へのメッセージ、または本書のご感想をお書きください。

●本書をお求めになった動機は？

①著者が好きだから　②タイトルにひかれて　③テーマにひかれて
④カバーにひかれて　⑤帯のコピーにひかれて　⑥新聞で見て
⑦インターネットで知って　⑧売れてるから／話題だから
⑨役に立ちそうだから

生年月日	西暦　　　年　　月　　日（　　歳）男・女		
ご職業	①学生	②教員・研究職	③公務員	④農林漁業
	⑤専門・技術職	⑥自由業	⑦自営業	⑧会社役員
	⑨会社員	⑩専業主夫・主婦	⑪パート・アルバイト	
	⑫無職	⑬その他（　　　　　　）		

ご記入いただきました個人情報については、許可なく他の目的で使用することはありません。ご協力ありがとうございました。

第六章　スクラップ・アンド・ビルドの国

青春は南欧へ

私は一九七六年の夏に、四十日ほどフランスもふくめ、南欧の街をおとずれた。二十一歳の、自発的な研修旅行である。

当時の私は、建築家になることをめざしていた。建築家の卵として、地中海の古代遺跡を、この目で見ておきたい。ルネッサンス以後の建築史をいろどった建物も、自分の足で歩いてまわろう。そんな志をいだいての一人旅であった。

ふりかえるとはずかしいが、私はスケッチブックと４Ｂの鉛筆も、たずさえている。そこかしこで見かけた街の風景を、えがきとっていた。カメラをぶらさげた多くの日本人旅行者とは、自分を差別化しておきたい。そんな自尊心にもつきうごかされての、けっこういやらしい旅であったと思う。

幸か不幸か、私は建築家となる途をすてた。今は文転、原稿を書くことが仕事になっている。若いころに、建築をまなぶことでついやした時間は、無駄におわったなと思わなくもない。スケッチをしつづけた南欧旅行も、役にはたたなかったなと、しばしばふりかえる。

しかし、今回の執筆では、あの旅行が、けっこう肥やしになっている。いや、一九七六年だけにかぎらない。それ以後に、しばしばこころみた建築巡礼も、そこそこ今回の執筆をささえている。

若いころの、のちには無為であったと見かぎった旅が、そうでもなかったということか。いや、年老いた私は、青春の彷徨《ほうこう》に意義を見いだしたがっているのかもしれない。あの体験は、時間の浪費であったと考えるのが、還暦をすぎた今つらくなってきた。それで、こんな文章を書きだしているような気もする。

京都とフィレンツェを見くらべて

さて、私は一九七六年に、イタリアのフィレンツェをおとずれている。中世からルネッサンスの建築がたちならぶ街で、いやおうなく圧倒された。その後も何度となくたちよる、お気にいりの街となっている。

旧市街の中心に、シニョリーアとよばれる広場がある。その東南にパラッツォ・ベッキオが、そびえたつ。ミケランジェロのダビデ像（模造）などが前にならぶことでも、知られている。

パラッツォ・ベッキオ（イタリア・フィレンツェ）

パラッツォは宮殿で、ベッキオは古いという意味になる。パラッツォ・ベッキオは、だから古い宮殿、故宮という含みをもつ。じじつ、古い施設で、今につたわるおおよその構えは、一四世紀初頭に完成した。一六世紀のなかごろからは、メディチ家の宮殿として利用されたこともある。

のみならず、ここは今もその一部が、フィレンツェ市の市役所としてつかわれている。この事実を知った時は、やはり衝撃をうけた。一四世紀初頭にできた建物だから、日本風に言えば鎌倉末期の遺構となる。そんな七百年も前の建物で、市役所の職員がはたらいていた。日本ではありえないと、考えこまされたことをおぼえている。

パラッツォ・プブリコ（イタリア・シエナ）

フィレンツェの五十キロほど南に、シエナという街がある。中世には、教皇派《ゲルフ》のフィレンツェときそいあった、皇帝派《ギベリン》の都市である。ここの市役所、パラッツォ・プブリコは、一四世紀のなかごろに竣工した。パラッツォ・ベッキオよりはやや新しい、南北朝時代の遺構である。

そして、ここでも施設は、現役の市役所として活用されている。建物が古び、つかい勝手も悪くなってきた。しかし、だからといって、このさい新しい庁舎にかえようと、こちらの人びとは考えない。それよりも、古い建築をたもちつづけることに、つとめようとする。

フィレンツェに、話をもどそう。さきほど、パラッツォ・ベッキオを一四世紀の建物だと書いた。しかし、市中には、もっと古い建築が、たくさんある。教会堂にしぼれば、一一世紀から一二世紀にかけてのものも、なくはない。文字どおりの歴史都市であると、かみしめる。

フィレンツェ市は、日本の京都市と姉妹都市の協定をむすんでいる。同じ歴史都市であるということから、日本では京都が相手にうかんだのだろうか。

だが、今の京都は、ヨーロッパの基準でながめるかぎり、現代都市である。なるほど、京都は「千年の都」であることをほこってきた。このあいだの戦争が応仁の乱になる街だと、その悠長さも、よくはやされる。日本では、歴史の情緒をいちばんとどめる街だと、みなされてきた。

だが、京都の洛中に、応仁の乱より古くからのこされてきた遺構は、ひとつしかない。上京区の千本釈迦堂（大報恩寺）本堂のみである。一三世紀前半の建築で、堂内の柱には応仁の乱でできた刀傷がついているという。たしかに、あの乱をこのあいだの戦争だと言える例外的な寺院である。

しかし、これ以外に一五世紀の乱より古い建物は、見あたらない。まあ、洛外にまで目をむければ、十数棟ほどみつかるが。

いずれにせよ、市中の目抜き通りにならぶのは、おおむね鉄筋コンクリートのビルである。二〇世紀後半以後の現代建築が、街頭をうめつくす。

フィレンツェでは、ほとんどの市中建築が石造やレンガ造のもので、しめられる。鉄筋コンクリート造は、ファシズム時代の例外的な建築にしか、見られない。都市景観が歴史性をしのばせる度合いでは、京都を圧倒的に凌駕する。ダンテやマキアベリが歩いていた時代の景観を、とどめる区画もある。

この街を、京都なみの歴史都市という枠でくくる人びとに、私は違和感をいだく。いっしょにするのは、フィレンツェにたいして失礼だと、若いころから思ってきた。ここにも、その感想を書きつけたい。

木と石の差では、語れない

こういうことを口にすると、かならずかえされる反論がある。日本の建築は、そもそも木でたてられてきた。耐久力では、石やレンガにおよばない。どうしても、ひんぱんにたてかえをしなければならなくなる。その差が、たとえばフィレンツェと京都のちがいを、もたらしたのではないか、と。

たしかに、そのとおりである。木は火に弱いし、石などとくらべればくちるのもはやい。

古い建物をたもちつづけようとする努力も、なかなかみのらせづらかろう。

ただ、そんな日本でも、二〇世紀には公共建築の素材が、不燃化されだした。県庁舎などども、たいてい石やレンガでたてられるようになっている。だが、二〇世紀初頭の庁舎を今でもつかいつづけている自治体は、ほとんどない。たいていの庁舎は、今日、三代目、あるいは四代目の新しい建築になっている。その平均寿命は、百年におよぶまい。せいぜい、数十年といったところか。

フィレンツェ市が、庁舎として利用している建物には、築七百年の物件もある。シエナ市の中心庁舎は、築六百七十年以上になる。こういう話を聞かされた時、日本の自治体関係者は、どう思うのだろう。

つかいにくそうな建物は、はやくたてかえればいいのに。何が良くて、そんなおんぼろを後生大事にかかえているのだろう。あいつら、馬鹿じゃあないのかと、思いかねないような気がする。

京都は、日本だと、景観の保全に熱心な都市だと考えられている。さきほどものべたが、フィレンツェとも姉妹都市としてのつきあいを、維持してきた。

しかし、そんな京都の市役所が、一九三一年にできた庁舎で、悲鳴をあげている。手ぜ

京都市役所（京都市中京区）

まになり、不便なので、このさいたてかえたい、と。以前から、折にふれ改築の観測気球を、あげてきた。最近も、壁がガラスばりになった増床案を、庁舎脇の掲示板でしめしている。
木造だから、建築のスクラップ・アンド・ビルドにはずみがつくのだとは、言いきれない。石造、レンガ造、あるいは鉄筋コンクリート造になっても、事態はかわらなかった。たててはこわし、また新しくたてていくという現象が、今でもくりかえされている。
京都では、応仁の乱がこのあいだの戦争として、しばしばことあげされる。さきほど、私はそう書いた。こういう一口噺がささやかれる背景には、まだ紹介していないべつの事情もある。
日本のおもだった都市は、第二次大戦で、米軍の空襲をうけた。それで、多くの街は、一九四五年の敗戦をむかえ、焦土と化している。焼け跡に、ぽつりぽつりとビルの残骸をとどめるような惨状を、余儀なくされた。

京都に空爆が、まったくなかったわけではない。洛中でも、いくつかは爆弾がおとされたと、聞かされる。それでも、ほかの大都市とくらべれば、被害ははるかに小さかった。だから、あの戦争で街が焼かれたという想いを、京都人は他都市の人びとほどいだかない。

いっぽう、応仁の乱は洛中を焼きつくした。戦災という点では、第二次大戦よりひどい災禍を、市中にもたらしている。このあいだの戦争としては、おのずと一五世紀におこった内乱のほうが浮上しやすくなる。応仁の乱が、戦争をめぐる語りのなかで特権化されていく。その理由は、以上のようにも説明しうるだろう。

戦禍をまぬがれたのに

京都への絨緞《じゅうたん》爆撃がさけられたのは、米軍から原爆投下の候補地とされたためである。原爆計画の遂行者たちは、爆発後の効果をはかりたいとねがっていた。そして、事前の大規模な通常攻撃は、原爆だけによる被害のほどを読めなくしてしまう。それで、東京や大阪をおそったような空爆は、さけられたのだという。

京都は文化財のあつまる街であることが、米軍に空襲をためらわせたという話もある。美術通のL・ウォーナーが、京都や奈良の文化的な価値を、政府当局に進言した。あそこをこわすのは、世界の損失になる。やめたほうがいい。そう忠告につとめたおかげで、京都はたすかったというのである。

その説明なら、聞いたことがあるというむきは、少なくないだろう。しかし、この話は、まったくの嘘である。歴史家の吉田守男が、そのまちがいを、完膚なきまでに立証している（『日本史研究』一九九四年七月号）。

ただ、この虚説がでまわりだした時、日本を占領していた米軍は、それを否定しなかった。その流布を、むしろあおっている。戦時中の米軍が日本の文化財を、重んじた。こういう噂なら、占領政策をうまくはこぶ潤滑油になると、判断したからである。

また、京都人たちも、根拠がないこの話を、よろこんでうけいれた。アメリカさんも、どうやら京都の文化的な価値には、一目おいていたらしい。そう考えることが、彼らにも、なにほどかはうれしかったためである。

いずれにせよ、京都はそれほどひどい空襲をうけなかった。戦前以来の街並を、戦後になっても、おおよそたもつことができている。木造二階だての町家がならび、そのなかに石造やレンガ造の建築が点在する街並を。まあ、戦時下の強制疎開で解体された家屋も、少なくなかったが。

だが、今の京都に、その古い街並は、ほとんどのこっていない。一部の伝統的建造物群保存地区が、歴史的な面影をたもつのみである。

中心街の多くは、街並が鉄筋コンクリートのビルで構成されている。オフィスビル、雑居ビル、マンション、ホテルなどが、街頭の光景をなりたたせる。さまざまな色や形の建物が、てんでにならぶ無秩序な景観を、成立させてきた。河原町通の三条から五条あたりまでは、その傾向がいちじるしい。

そして、この現代的な風景は、二〇世紀の後半に形成された。むろん、以前からそのきざしが、とりわけ一部の繁華街に、なかったわけではない。しかし、目に見えて進行しだしたのは、高度成長期からだろう。

くりかえすが、京都は戦禍をあまりこうむらなかった。戦争で焦土となったから、街を新しくたてなおそうとしたわけではない。旧来の街並は温存されたのに、それを自分たちの手でくずしたのである。せっかく、米軍さえ、結果的にはまもってくれた街並を。

もちろん、木造の町家が致命的にいたんだから、それらをすてたわけではない。明治以後の石造建築なども、つかいつづけるつもりがあれば、維持は可能であったろう。

鉄筋コンクリートのビルを、高度成長期にぞくぞくとたてていく。旧来の建物は、まだ耐用年数をすぎていなくても、見かぎる。多くの地権者は、そうしてビルディングの建設へとつきすすんでいった。そこに、経済的な旨味があったからである。

ビルをもうければ、家賃、テナント料の収益が見こめる。木造の町家をそのままにしておくより、ずっと大きな儲けが、期待できた。相続税や固定資産税の払いも楽になる。この欲望が、事態を前へおしすすめたのである。

街並を一新したのは、まちがいなく利潤をもとめる近代化のいきおいであった。フィレンツェではあまり作動しなかったその社会的な力学が、京都をおおったのである。まあ、フィレンツェでも、ファシストはそのはたらきに、期待をしたのだが。

木の文化だから、日本では建築のたてかえにはずみがつきやすくなる。この説明では、現代の都市景観をもたらした推進力が、読みとけない。日本人が木をすてて、鉄筋コンクリートのビルへ、つっぱしっていった。その本質的な背景を、ごまかしてしまうことになる。

式年造替という美辞麗句

伊勢神宮が、二十年ごとに社《やしろ》を、一からたてかえていることは、よく知られる。いわゆる式年造替《しきねんぞうたい》である。よく言う式年遷宮は、神霊の動座をさす。建物の造替とは、含みがちがう。ねんのため、ことわっておく。

この慣行を、現代的なスクラップ・アンド・ビルドの説明にもちだす人も、いなくはない。いわく、伊勢では、新鮮な社殿のたたずまいが、よろこばれてきた。日本人は、建築の新しさを、ことのほかありがたがる民族である。だから、今日でもひんぱんにビルをたてかえたくなるのだ、と。

しかし、伊勢神宮の式年造替では、前と同じ形の社殿が、代々もとめられてきた。いっぽう、ビルのたてかえでは、形も一新するのがふつうである。極端に言えば、パチンコ店の、いわゆる新装開店めいた変容が、一般的には期待されるだろう。これを、社殿の再建と同じようには、あつかえない。

もっとも、伊勢神宮の式年造替も、ささやかな変更なら、その都度うけいれてきた。また、造替のたびに、先例墨守の誤差も生じないわけではない。千年をこえてつづけられた今、そんな毎回のずれも、そうとうおりかさなっている。現状の神宮じたいは、伝言ゲームと同じで、祖型からずいぶんへだたっていると考える。

式年造替については、あとひとつ言いたいことがある。

今日、このたてかえをていねいにくりかえしているところは、伊勢神宮しかない。あとは、諏訪の御柱《おんばしら》が、柱だけだけれども、その例にふくめられようか。いずれにせよ、まるごと社殿を新しくするのは、例外的な一部の神社にかぎられる。

平安時代のなかごろまでは、しかしたいていの神社が、これをやっていた。しかるべき期限をきめて、そのたびに社殿をあらためていたのである。それは、伊勢のみならず、多くの神社にわかちあわれたしきたりであった。

だが、時代が下るにつれて、このいとなみは簡略化されていく。また、やめる神社もふえだした。そして、本格的な式年造替は、もう伊勢あたりでしか執行されなくなっている。

これを、日本人の民族的な性質にねざした何かだとは、とうていみなせない。すくなくとも、現代の日本人にまでとどいていると見るのは、無理である。それは、平安時代のなかほどぐらいまでしか、つづかなかった。日本人が、とっくの昔にうしなったならわしのひとつだと、位置づけるべきだろう。

こういう要因で、現代のスクラップ・アンド・ビルドを論じるのは、的がはずれている。

現代的なたてかえの背景説明に、平安期でしぼんだ慣行をもちだすのは、筋がとおらない。今、建築のたてかえがくりかえされることは、今日の事情で語ってほしいものである。

スクラップ・アンド・ビルドを、式年造替になぞらえる。そういう声は、しばしば建設方面の企業人から聞こえてくる。ゼネコンでは、伊勢にあやかる語り口を、一種の常套句にしているような気がする。

もとより、建設工事の多くなることをよろこぶ人びとである。みんながすぐに古い建物をこわし、新しくたてかえれば、彼らはうれしかろう。日本の街がフィレンツェやシエナのようになってしまうのは、くいとめたいにちがいない。

だが、そうあからさまにスクラップ・アンド・ビルドを肯定するのは、ためらわれる。建物は新しいほうがいい。それは、伊勢の神官たちが新造の社殿をことほぐこととも、つうじあう。この解釈には、彼らの算盤勘定をぼかす効果がある。業界人たちが、よく口にするのはそのためか。

ひびまで忠実に

ワルシャワは、ポーランドの首都である。一六世紀末の遷都以後、王権にもささえられ、

ザムコビ広場。中央奥が聖ヤン大聖堂（ポーランド・ワルシャワ）

街づくりがすすめられた。市中は、古い建築がならぶ、典型的なヨーロッパの歴史都市になっている。

ただ、中心街のおもだった施設は、たいてい二〇世紀中葉以後にできた再建建築である。一六世紀以前の建築がそのままたもたれているところは、ほとんどない。

聖ヤン大聖堂は、一四世紀に創建された。ワルシャワでもっとも古い教会のひとつである。歴代の国王も、ここで戴冠式を挙行した。しかし、これも一九五六年にたてなおされている。

歴史の好きな人なら、もうごぞんじだろう。第二次大戦がはじまるやいなや、ポーランドは国土の多くをナチス・ドイツに支配された。そして、その末期にはドイツからの解放をめざす気運が、高まりだす。一九四四年には、ワルシャワの解放をねがう人びとが、市民までふくめたちあがった。世に言うワルシャワ蜂起である。

決起の人びとは、ドイツへせまりつつあったソビエト軍のあとおしも、期待していた。しかし、かならずしも解放後に、親ソビエト政府をたちあげようとしていたわけではない。ソビエトとは一線を画したい人びとも、蜂起の勢力にはけっこうまじっていた。

その気配を感じとったスターリン政権は、けっきょく蜂起への介入をさけている。ありていに言えば、見はなしたのである。おかげで、この解放闘争は失敗した。ドイツ軍の手で、徹底的に弾圧されたのである。のみならず、ワルシャワの街も破壊しつくされた。

ワルシャワの市民は、それを戦後になって、なおしている。もとどおりの形に、よみがえらせた。古写真、絵葉書、建築図面などの画像記録にたよって、この作業はすすめられている。さきほど紹介した聖ヤン大聖堂が再建されたのも、その一例にほかならない。復旧にさいしては、旧観のひびわれまで忠実に再現することが、めざされたという。

ベルナルド・ベッロットという画家を、ごぞんじだろうか。一八世紀の後半に、ポーランド王からまねかれたイタリア人である。ながく、宮廷画家としてはたらいた。ワルシャワの光景を油彩で、数多くえがいている。その絵を見れば、一七六〇年代から七〇年代にかけての街並がよくわかる。

じつは、この絵画がワルシャワ復興の基礎資料として、参照されている。その事実を彼地でおしえられ、私は心の底からおどろいた。

ベッロットがあらわしたのは、一七六〇、七〇年代のワルシャワである。そして、一九五〇、六〇年代の市民は、一九四四年までの街を復元しようとした。百九十年ほど前の絵画にもたよって、十数年前の姿をさぐりだしたのである。

一七六〇、七〇年代から一九四四年にいたるまで、ワルシャワの景観はかわっていない。そう信じられたからこそ、ベッロットの絵は、復元のよりどころになったのである。一九世紀、二〇世紀に街並がかわっていれば、一八世紀の絵はたよれないのだから。

ポーランドの人びとは、ベッロットのことを、よく知っている。イタリア人だが、一種の国民的な画家としても位置づけているように、私は感じた。じっさい、カナレットという愛称で、彼に言いおよぶ人は少なくない。

ベッロットのえがいたワルシャワの風景画は、絵葉書にもひろくとりいれられている。市中の土産物屋をひやかせば、その絵葉書はすぐ見つかる。私じしん、絵葉書の古いワルシャワ図と現今の街並を見くらべ、市中を歩いている。そして、一八世紀の景観がたもたれていることに、あらためて感じいったものである。

ワルシャワと京都の溝

ワルシャワにかぎったことではない。連合国の空爆にさらされたドイツの都市でも、旧観の復元はめざされた。ドレスデンあたりは、そうしてよみがえった代表的な街である。あるいは、ロマンティック街道ぞいの、ローテンブルクをはじめとする中世都市なども。

何度も書くが、京都は空襲をあまりこうむっていない。一九四五年前後で、都市景観はそう大きくかわらなかった。にもかかわらず、二〇世紀の後半には、現代化の方向へむけて、大きく舵をきっている。誰に要請されたわけでもなく、京都でくらす人びとの自発的な判断で。

ワルシャワは、ドイツ軍に破壊された。考えようによっては、街を新しく生まれかわらせる、その好機でもあったろう。すくなくとも、日本のゼネコンなら、チャンス到来と期待をしたはずである。

しかし、ワルシャワ市民は、戦禍を現代化へのはずみにつなげようとしなかった。古く

スターリンにより建設された文化科学宮殿。映画館、劇場、博物館、書店、オフィスなどを擁する（ポーランド・ワルシャワ）

からつづいてきた街区に関しては、ひたすらその再生をねがったのである。このさい、鉄筋コンクリートのビル街にしようとは、まったく思わない。ヨーロッパの歴史的な景観に、こだわりつづけたのである。

いちおう、のべそえる。戦後にできたソビエトよりの政権は、鉄筋コンクリートのビル街をつくっている。ベッロットがえがいた街区の南側に、現代的な光景をもたらした。親ソ政権の官庁街である。

建物の表情は、おしなべていかめしく暗い。だが、それでも、街並としての統一感はある。社会主義時代の簡略化された新古典様式で、全体的な一体感をかもしだしている。あの時代もふくめ、ここでは景観の調和がはかられた。やはり、ヨーロッパの街でありつづけたんだなと、かみしめる。

ただ、スターリン・デコの文化科学宮殿は、それをうらぎっている。また、その周辺は、ポストモダン風もふくむ雑然とした街並に、今日なっているけれども。

いずれにせよ、戦後のワルシャワ市民は、歴史的な景観に執着した。旧王権の時代にできた街並を、維持しつづけたのである。こわされても、もとどおりにたてなおして。

こわされてもいないのに、新しくたてかえた京都市民とは、志のむきがちがう。正反対の方向を、めざしている。そして、そんな京都も、日本のなかではうしろむきの街だと、されてきた。日本が、ヨーロッパとくらべれば、はるかに近代的であったことを思い知る。

第七章

東京の戦争、ローマの戦争

イタリアがうらやましい

ここまで読みつづけて下さったかたがたに、あらためてつげる必要はないかもしれない。そんなの、ことわらなくてもわかっているよと、言いかえされそうな気がする。しかし、あえて書く。私は、けっこうイタリアびいきである。いや、かぶれているぐらいかもしれない。

日本には、ヨーロッパでの知見をひけらかす書き手が、よくいる。あちらでは、かくかくしかじかだけど、日本はそうなっていない。日本って、つまらないね。そんな構えの議論が、世にあふれている。

私の書いているこの文章も、けっきょくその型におちいっているような気はする。イタリア風をふかして、日本を見下すようなところはあるだろう。自分じしんでも、そこはいやらしいなと感じてきた。

私の書きっぷりが、あちらの先進性をうるわしくえがいているわけではない。ヨーロッパとくらべ、日本はかくかくのところでおくれているという。よくあるそんな物言いには、なっていないと考える。

むしろ、彼地にたいしては、その後進性に魅力を見いだしているぐらいだろう。日本に関しては、その進歩性をざんねんがってきた。

それでも、くらべて日本をくさしているところはある。明治期以来の欧州がえりと、かわらぬ口吻《こうふん》をもらしてきた。その臭味は、読み手をうんざりさせているかもしれない。だが、今回もイタリアをもちあげるような話になる。その度合いも、これまで以上に、強くなりそうな気がする。読者からは、ますますけむたがられようか。

しかし、よその国をほめることで、新しい日本像がうかびあがってくる可能性はある。これまでは気づけなかった日本らしさを、考えなおすきっかけになるかもしれない。一時《いっとき》なりとも、べつの国に傾倒してみるねうちは、じゅうぶんあると思う。

イタリアを美化する以下の文章は、日本をとらえなおすためにも書かれている。日本発見へといたる、その方便だとうけとめてもらってもかまわない。ある種の方法論的なイタリア讃歌でもあるのだ、と。

まあ、私じしんは、本気でイタリアをうらやましがっているのだが。

焼かれる前に、手をひいて

さきの第二次大戦で、日本は多くの都市を破壊されている。アメリカの空爆は、東京や大阪を焼け野原にしてしまった。広島や長崎のように、原爆をおとされたところもある。ドイツは、核兵器を投下されていない。しかし、連合軍にせめられ、ベルリンをはじめ、多くの都市が焦土と化している。その点は、日本とかわらない。その後、ドイツの諸都市が、古い景観の回復につとめたところは、ちがっているけれども。

さきの大戦で、日本はドイツ、イタリアと同盟をむすんでいる。いわゆる三国同盟である。だから、連合軍は、イタリアにも空爆をこころみた。

しかし、それでイタリアの諸都市が廃墟になったという話は、まあ聞かない。じじつ、多くの街は、おおむね旧観をたもったまま、戦後にのこされた。すくなくとも、日本やドイツとくらべれば、被害は少なかったとみなしうる。

周知のように、イタリアはドイツや日本より早い段階で、連合国と和解した。一九四三年の九月八日には、休戦を宣言している。日本が連合国への降伏を国民につたえたのは、一九四五年八月一五日であった。イタリアは、日本より二年ほど前に、戦争から離脱したのである。まあ、その後は連合国の一員として、対独戦への参加を余儀なくされるのだが。

日本で空襲がはげしくなってきたのは、一九四四年からだろう。この年、東京では八月四日から、学童の集団疎開がはじめられている。学校へかよう児童たちは、農山村へ移住させられた。

連合国の攻撃が、そこまでひどくなる前に、イタリアは停戦の途をえらんでいる。日本やドイツほどには、街が破壊されなかったのもそのためである。

空襲の翌日に

もうすこし、時系列をくわしくふりかえる。

日本は、一九四二年の春ごろから、空襲をうけだした。四月一八日には、東京や神戸、そして名古屋がおそわれている。東京への爆撃をこころみたのは、ドゥーリトルのひきいた航空隊であった。

さきほどものべたが、日本は一九四五年八月一五日に、敗北をみとめている。空爆がはじまってからは、三年四ヵ月ほど、もちこたえたことになる。思えば、ずいぶんしんぼうをしたものである。

イタリアは、一九四二年の秋から空爆をうけだした。その開始は、一〇月二二日で、日本より半年ほどおそい。北部の工業都市であるトリノとジェノヴァが、はじめはその標的になった。以後、ミラノもふくめ、北部の工場地帯は、つぎつぎと攻撃をうけるようになる。

イタリアが休戦を宣言したのは、一九四三年九月八日であった。さきほどと同じ計算をすれば、もちこたえた期間は一〇ヵ月半となる。三年四ヵ月も抵抗をしつづけた日本とくらべれば、ずっと短い。

くりかえすが、空爆をうけだした時期は、日本の半年後であった。だが、戦争をやめたのは、二年ほど早い。そこだけをながめれば、こらえ性がなかったのかという見方も、おのずとうかんでくる。

北部の工業都市は、一九四二年の秋から空爆にさらされたと、さきに書いた。だが、首都ローマへのそれは、もう少しあとになるまではじまらない。ようやく、一九四三年の夏になってからである。

同年七月一九日に、ローマはアメリカの爆撃を、はじめてうけた。爆弾をおとしたのは、東京への初空襲で知られるドゥーリトル航空隊である。彼らは東京攻撃の一年三ヵ月後に、ローマをせめていた。

武装解除へといたるまでにかかった期間を、首都空爆の日から計算してみよう。日本は、何度も書くが、三年四ヵ月も、空からの攻撃にたえている。しかし、イタリアが休戦を宣言したのは、首都がおそわれた、そのすぐあとである。一ヵ月半後には、白旗をあげていた。

いや、イタリアの厭戦《えんせん》ぶりは、もう少し強く語れるかもしれない。こんどは、休戦が公的に発表されるまでの経緯を、かんたんに説明しておこう。

七月一九日に、首都のローマははじめて空からおそわれた。その翌日、七月二〇日にイタリアの参謀総長は、ローマの王宮へでかけている。そして、もうこんな戦争はやめようと、国王にかけあった。

その場で国王も、ムソリーニを解任すると、参謀総長につげている。ムソリーニへ最終的に統治の権限をあたえた、その当人が、彼の罷免を決断したのである。

戦争の継続にこだわるムソリーニが逮捕されたのは、七月二五日であった。後任をひきうけたバドリオ政権は、連合国との和平交渉に、少してまどっている。そのため、休戦の宣言は九月八日までひきのばされた。のみならず、その後もいきちがいのせいでしばらく連合軍との戦闘は、つづいている。

しかし、イタリア政府の中枢部じたいは、ローマ空爆の翌日に休戦をきめていた。わずか一日で、やめることにしたのである。東京空爆後も戦意をたもちつづけた日本政府とは、意識のもちようがちがっている。両者のあいだには、圧倒的な断絶があったのだと、そう言わざるをえない。

建築遺産のかがやく街

ローマは紀元前の時代からつづく歴史都市である。ローマ帝国時代の遺跡や遺構も、たくさんのこっている。その歴史にあこがれて、ここをおとずれる観光客は少なくない。

たとえば、円形闘技場のコロッセウムが、二千年の時をこえ、その輪奐《りんかん》をたもっている。ここには、約五万人の観客をおさめることができたという。甲子園球場なみの収容力をもつスタジアムである。

そんなものが、紀元後の西暦七〇年代から八〇年代にかけて、たてられた。日本では、まだ邪馬台国の卑弥呼も生まれていない。弥生時代の構築物である。

帝国の遺構としては、カラカラ帝の大浴場も知られていようか。こちらの建設年代は、二一一年から二一七年とされている。ちょうど、卑弥呼のいたころである。

カラカラ浴場（イタリア・ローマ）

パンテオン

フォロ・ロマーノ

建築巡礼の旅行者には、パンテオンもはずせない。ここでは、直径四十三メートルにおよぶ、半球ドームがおがめる。幾何学的にも正確な球状となっており、ローマ帝国の高度な技術水準をしのばせる。

フォロ・ロマーノとその周辺にも、帝国時代の遺跡、遺構は、たくさんある。ヴェスタ神殿のような紀元前二世紀の施設もなくはない。ローマは、ローマ帝国、および共和国の姿をとどめる、世界最大の都市である。

もちろん、貴重な建物は、それらだけにかぎらない。ルネッサンス期、バロック期の記念碑的な建造物も、数多くのこされている。ブラマンテ、ベルニーニ、ボッロミーニの傑作が、そこかしこに点在する。ミケランジェロの設計したカンピドリオ広場は、建築巡礼必見の場所となっていよう。

観光案内めいた文章を、だらだらと書いてしまった。

カンピドリオ広場

文筆にたずさわる者のひとりとして、いささかはずかしい。もうしわけないが、もうひとつだけ、この書きっぷりにつきあっていただく。

ローマには、なんと言ってもサン・ピエトロ大聖堂がある。バチカン宮殿が、カトリックの総本山として、そびえたつ。なかには、システィーナの礼拝堂もある。ミケランジェロの天井画で、あまねく知れわたった施設が、ここには併設されている。

正確に言えば、宮殿のある敷地はイタリアという国に、ぞくさない。ローマ市にも、ふくまれないこととなっている。いわゆる教皇領で、その範囲はとてもせまい。だが、バチカン市国という名の独立国であることも、たしかである。

とはいえ、その領域はローマ市のなかに、おさまっている。地続きでもある。ローマにはバチカンがあるという言い方も、ここではゆるしてもらいたい。

ローマへ爆弾がおとされれば、とうぜんその戦禍はバチカンにもおよびうる。両者をきりはなして位置づけるような叙述は、ひかえたい。今回は、戦時のイタリアを論じているのだから。

連合国側も憂慮して

じっさい、バチカンが戦災にあうかもしれない可能性は、けっこう憂慮されていた。もちろん、ローマ帝国以来の文化遺産を保全しきれるかどうかも、心配されている。それも、イタリア側だけが、心をいためていたわけではない。連合国側の、空爆の当事者であるアメリカにも、手だてをこうじようとした人はいた。

たとえば、アメリカの国務次官であるサムナー・ウェルズが、そのひとりにあげられる。彼はローマ空爆がはじまったその二十日後、八月八日に、じしんの見解を表明した。ローマにのぞむ。ぜひ、無防備都市になってほしい、と。

イタリアは、ローマに駐留させている軍隊を、みな市外へ移動させるべきである。ローマは、武装を解除して、無防備都市を宣言しなければならない。そうすれば、連合国も、ここをおそわないだろう。ローマはまもれない街になるが、せめられることもなくなる。歴史遺産を保全するためには、もうこの手しかないと、ウェルズは主張したのである。

ローマへの空爆には、イタリアのみならず、連合国の側からも、非難の声があがっていた。アメリカの国務次官がうちだした提案は、そんな内外の気分を反映していたと思う。

だが、アメリカは空爆をやめなかった。ローマへの爆弾投下が、イタリアをおいつめるうえでは、絶大な効果を発揮する。この戦時リアリズムが、けっきょくはすべてに優先されたのだろう。

ただ、バチカンや歴史的遺産のあつまる街区は、攻撃対象からはずされている。そのかわりに、サン・ロレンツォ地区あたりの労働者街などは、しばしば標的となった。そのため、市民は、けっこう命をおとしている。文化財とてんびんにかけられ、うしなわれた人命を、私はやりきれない想いでふりかえる。

無防備都市の構想は、イタリア側でも考えられていた。ローマを傷つけないための一案として、その宣言も考慮はされている。

しかし、戦時中の軍隊は、首都からしりぞくふんぎりが、なかなかつけられない。じじつ、イタリアの軍隊は、戦争の終盤までローマにとどまりつづけている。また、ローマに駐屯するドイツ軍へ、撤退をうながすのは、それ以上にむずかしい。そのため、ローマは空爆をうけるまで、無防備都市宣言にふみきれなかったのである。

いずれにせよ、ローマにたいしては無防備都市となることが、もとめられていた。敵側の連合国もふくめ、多くの人びとがなんとかしたいと、知恵をしぼっていたのである。

日本の都市に光をあてて、世界がそういう声をあげたことはない。京都をふくめ、文化財的な価値の喪失が心配された街は、存在しなかった。すくなくとも、国際政治の表舞台で、無防備化が検討された都市は、ひとつもない。そもそも、日本側じたいが、そういう志をもちあわせていなかった。

L・ウォーナーが、京都の文化的価値をアメリカ政府に進言する。それで、京都への空襲が少なくなったという話は、まったくのでっちあげである。前にも言いおよんだところだが、くりかえし強調しておきたい。

無防備都市宣言

無防備都市の話を、つづけよう。

イタリアでは、国王や参謀総長が、ローマ初空爆の翌日に、休戦の方針をかためている。ムソリーニの後任となるバドリオの内閣も、同じ構えで連合国にむきあった。ただ、戦線離脱の姿勢を、はじめからそうあからさまには、しめさない。はっきりうちだせば、イタリアに駐留しているドイツ軍が、だまっていないだろう。イタリアの北半分ぐらいは、彼らが占領するかもしれない。

そうなれば、ドイツとの新たないさかいが、はじまってしまう。たとえ、連合国と和解ができても、戦争状態はなくならない。イタリアとしても、そういう事態だけはさけたかった。まあ、じっさいには、そうなっていくのだが。

だから、バドリオ政権は連合国との和平交渉を、水面下ですすめようとする。ドイツ側には情報がもれないよう気をつけながら、休戦の話と、その条件をもちかけた。つまりは、ひそひそと交渉をはじめることになる。

打診をうけた連合国側も、この申し出を、なかなかまっすぐにはうけとれない。にえきらなく見えるイタリアのでかたが、どうしても信用しきれなかった。何か裏があるのではないかという疑念を、ぬぐいきれなかったのである。

ドイツ軍の眼をかわしつつ、ベストのタイミングで連合軍との和平にこぎつける。このやっかいな任務をまかされたのは、ジュゼッペ・カステッラーノ准将。参謀本部付きの軍人である。

その活躍ぶりを、木村裕主《ひろし》が一冊の本にまとめている。『ムッソリーニを逮捕せよ』（一九八九年）が、それである。

戦争に勝つためではなく、それをやめさせるために全力をつくす。被害を最小限におさえる形で、イタリアの、いわば敗北を勝ちとろうとする。そんな軍人の、どうどうたる姿が、この本にはえがかれている。

私は、まだ若かったころにこれを読み、たいへん大きな感銘をうけた。今回の執筆にさいしても、おしえてもらったところは、たくさんある。

話をもどすが、連合国はイタリアからの休戦という申し出を、まずうたがった。そのため、イタリア諸都市への爆撃を、あいかわらずつづけている。危機感をつのらせたイタリア政府は、けっきょくローマの無防備都市化を宣言した。初空爆の二十六日後、一九四三年八月一四日のことである。

ただし、この段階では、まだローマから軍隊をしりぞけきれていない。ドイツ軍も、ローマにいすわりつづけていた。無防備化の宣言をしただけで、実行にはうつせていない。九月八日に、イタリアは休戦を、全世界へむけて公表した。まだ、そこへといたる最終的な妥結には、いたっていないのに。そして、連合国側にも、いぜんとしてけりはついていないという判断があったせいだろう。その翌日、九月九日にも、連合軍はローマをせめたてた。

そのため、イタリア政府は九月一〇日に、ドイツ軍へつげている。イタリアは、この戦争をやめる。ついては、ローマをほんとうに無防備化しておきたい。ドイツ軍も、ローマからは撤退してくれないか、と。

ドイツ側もいちおうこれをうけいれている。しかし、翌九月一一日には、前日の約束をふみにじった。ローマ進攻の軍を動員し、この街を占領してしまうのである。

以後、ローマは、しばらくドイツ軍の管理下へおかれることになる。その解放は、一九四四年六月四日まで、ひきのばされている。

この間、ローマ側の対独レジスタンスは、しばしばドイツ軍に圧殺された。その様子は、『無防備都市』（一九四五年製作）という映画で、あざやかにえがかれている。ロベルト・ロッセリーニの作品だが、なんとも皮肉な含みをこめた標題である。ローマをまもろうとする無防備化の志が、多くの不幸につながったことを、かみしめる。

けっきょく、カステッラーノ准将の献身的なはたらきは、うまく実をむすばなかった。不測の事態、情報伝達の不備……その他もろもろの事情で、空廻りを余儀なくされている。木村の著作は、その空転ぶりも、主人公へは愛情をそそぎつつ、みごとに論じきった。すばらしい仕事であったと、私は思っている。

日本の建築文化

この戦争をはじめたのは、まちがっていた。もう、手をひいたほうがいい。イタリア政府の首脳には、早くからそう考えだしていた者もいた。

だが、そうしたひとりひとりの想いは、なかなかひとつにまとまらない。なにより、ヒトラーとの連携にはしったムソリーニの体制が、非戦論を封じこめていた。戦線離脱の思惑は、潜在的な形でうごめく状態にとどまっていたのである。

事態が急転したのは、一九四三年七月一九日からである。この日、ローマに爆弾をおとされたことが、厭戦派の人びとをたちあがらせた。参謀総長のみならず、宮内大臣やバチカン大使らも、本格的にうごきだしている。国王も、ムソリーニの解任を決断した。ロー

カトリックの総本山、サン・ピエトロ大聖堂（バチカン）

マ空爆の翌日に。

　ローマへの爆撃は、それだけ大きな衝撃を彼らにもたらしたのだと、言うしかない。

　おそらく、政府の枢要たちは、心のどこかでたかをくくっていただろう。ローマには、ローマ帝国以来の歴史遺産があつまっている。カトリックの総本山もある。たとえ戦争になっても、まさかこのローマへ爆弾が投下されることはあるまい、と。

　だが、連合軍は空爆にふみきった。これで、イタリアの政府中枢は休戦へむけて、大きく舵をきる。ムソリーニらをのぞき、多くの人びとがその方向で、まとまった。

　彼らは、それだけローマの文化遺産を、尊重していたのである。これをこわされるぐらいなら、戦争には負けたほうがまだましだ、と。あるいは、ローマの文化財が戦争をさけようとする、その抑止力になったと言うべきか。

七月二〇日の会談で、国王と参謀総長は、まずローマの文化遺産保全を問題にした。ほかの大臣や官僚たちも、そのことをなにより心配して、和平の途をさぐりだしている。と、そう私が、文書や史料をつみあげ、論証できているわけではない。ここでのべたことは、あて推量であるにとどまる。

しかし、それでも、彼らは初空爆の翌日から、いっせいに休戦へむけてうごきだした。その六日後には、主戦派のムソリーニを捕縛するにいたっている。八月からは、ローマを無防備都市とすることも、めざしだした。やはり、ローマの遺跡や遺構にたいする想いこそが、彼らをうごかしたのだと考えたい。

さて、日本は首都を空襲されたあとも、三年四ヵ月にわたって戦争を継続した。つぎからつぎへと、爆弾がおとされている。おもだった都市では、家屋やビルが、数多く焼きおとされた。それでも、政府は戦争をやめようとしない。軍の一部には、焦土作戦をとなえる者さえいたのである。

けっきょく、日本にはまもるべき文化財的な建築が、存在しなかった。すくなくとも、

『アダムの創造』ミケランジェロ作、システィーナ礼拝堂天井画（バチカン）

戦争の主導者たちは、そういう歴史遺産のことを、想いうかべない。これだけは保全しておきたいと、彼らにねがわせた物件は、ひとつもなかったのである。日本における、コロッセウムやバチカンの欠如を、かみしめる。

だからこそ、日本は空爆後も三年以上、戦争状態をたもつことができた。この文化的貧困が、私にはせつなくてならない。ローマをまもろうとしたイタリアにくらべ、どうしてもなさけなく感じてしまう。

「こんどは、イタリアぬきでやろうな」

イタリアが休戦を公表したあとに、日本の大本営はこの国を口ぎたなくあざけった。イタリアはいくじなしだ、弱虫だ、裏切者だ、などなど、と。そのいっぽうで、日本については、こうもうったえかけている。われわれはくじけない。いさましくたたかいつづけ、いずれは勝利をものにするだろう、と。ラジオや新聞などをつうじて、声高に。

そうさけんだ大本営に、ローマの歴史遺産へ想いをはせた者は、ひとりもいなかったろう。バチカンの価値をおもんぱかった者も、絶無であったと考える。

ドイツの参謀本部も、あしざまな文句を、イタリアについてはとなえていただろう。イタリア人はふがいないなどといった調子で、ののしっていたにちがいない。まあ、そのことを、私はたしかめきれていないのだが。

第二次大戦の記憶をとどめる日本人は、しばしば戦後も、ドイツ人と語りあったらしい。こんどは、イタリアぬきでやろうな、と。とりわけ、日独間で企業が提携をしあうような時に、この文句はよくとびかったという。私は、自分より上の世代にぞくする大人たちから、そう聞かされてきた。

ドイツでは、ナチス時代への反省が、戦後の国民的な課題となっている。日本でも、戦後憲法の平和主義が、今よりずっと強くゆきわたっていた。そんな時代であったのに、彼らはかわしあったというのである。つぎは、イタリアをはずそうという、大本営発表めく時代錯誤的なやりとりを。

建築が好きで、イタリアびいきの私などは、こう思う。もし、つぎがあるというのなら、こんどこそイタリアにあやかりたいものである、と。まあ、つぎやこんどのことなどは、考えたくもないのだが。

さて、ドイツにもヨーロッパ的な建築文化はあった。だからこそ、敗戦後にも、歴史的な景観の回復へ、多くの都市がつとめたのだろう。

だが、ドイツは首都のベルリンが焦土になるまで、戦争を継続した。ヒトラーにいたっては、ナチス体制の崩壊へ、国土をつきあわせようとした形跡もある。戦争の末期には、各都市の教会を破壊するよう、指示をだしてもいたらしい。まあ、これは軍需大臣のシュペアーがにぎりつぶし、未然にくいとめているのだけれども。

ドイツ人に、歴史的な建築へよせるあつい想いが、ないわけではない。ただ、第二次大戦では、それがうまく作動しなかった。私は、そこにファシズムとはちがうナチス体制の特異性を、読みとりたい。あるいは、ナチスをひきいたヒトラーの、人並みとは言いがたい人格も。

第八章 戦争と建築

戦時体制の街並

ここしばらく、戦争の話がつづいた。ローマやワルシャワの戦時に、言葉をついやしている。そして、ここでも戦争を話題にする。日本が、そして東京が、どう日中戦争後の国難にむきあったのかを、語りたい。

一九三七年には、中国の盧溝橋《ろこうきよう》で日中双方の軍隊が衝突した。いわゆる盧溝橋事件である。これ以後日本は、中国との戦争がやめられなくなる。日本国内の生活にも、戦時色がおよんでいく。一九三八年には、国家総動員法もきめられた。戦争の遂行をなにごとにも優先させる時代へと、つきすすむ。

そんな状況下に、新しくたつ建築は、見る見る姿をかえていった。戦時体制は、まちがいなく新しい街並を、都市にもたらしたのである。

ヨーロッパでも、一九三〇年代の末には、大きな戦争がはじまった。日本と同じように、総力戦を余儀なくされた国もある。しかし、日本が出現させたような都市景観を、同じように浮上させた国は、どこにもない。日中戦争後に形成された都市の光景は、特殊日本的であったと、私は見る。

だからこそ、ここでも一九三〇年代末期からの東京に、注目してみたい。いかにも日本的な街の姿を、読者にもかみしめてもらえればと、ねがっている。

このさい、ビルはたてるな

「贅沢品は敵だ！」という、よく知られた戦時下の標語がある。今は個人的な消費生活を、たのしむ時ではない。国家はすべてのことを、物資も人材も、軍需へまわさなければならない時代である。このさい、有閑的なくらしはつつしめと、このキャッチ・フレーズはあおっている。

いわゆる奢侈《しゃし》品《ひん》の製造販売は、一九四〇年に禁止された。七月七日にその禁令が、施行されている。その日付から、いっぱんには七・七禁令とよばれている。これをうけ国民精神総動員本部は、東京市内に立看板を配置した。そこにおどっていたのが、「贅沢品は敵だ！」という文句である。

なお、七月七日は、一九三七年に盧溝橋事件がおこった、その日付でもあった。三年前の事件を想いおこさせるような日をえらんで、この禁令はうちだされている。盧溝橋以後の新しい情勢を、これからはのりきろう。規則はそのためにさだめられたんだと、うったえかけるかのように。

しかし、奢侈品が禁止されるまでに、三年かかったことは見すごせない。一九四〇年に禁令が施行されるまでは、比較的ゆとりがあったのかな、とも思えてくる。一九三七、一九三八年ごろはそれほど、せっぱつまっていなかったのかもしれない、と。

雑誌の発行総点数は、一九四〇年まで上昇をつづけていた。出版事情が悪化するのは、それ以後になってからである。

絵画市場も、一九三九年まではのびつづけた。おちこみだしたのは、その翌年からである。のみならず、美術制作の材料が、禁令後に奢侈品とみなされたこともない。戦争画の宣伝効果が、みとめられたせいだろうか。表現の自由は制限をうけたかもしれないが、絵画制作じたいは生きのびている。

いっぽう、建築はかなり早い段階で、その発展をはばまれた。盧溝橋事件の三ヵ月後には、鉄鋼工作物築造許可規則が公布されている（一九三七年一〇月一一日）。これにより、鉄鋼が五十トンをこえてつかわれる建設作業は、禁止されることとなった。例外は、軍需工場をはじめとする戦時むきの建物に、かぎられたのである。

鉄鋼の使用量が、五十トン以下におさえこまれてしまう。これは、もうビルディングなどたてるなという決定に、ひとしい。小規模な、二階建ていどの建物でも、鉄筋コンクリート造はありえなくなった。

これ以後にたつオフィスなどは、だからみな木造のバラックになっている。場所によっては、そんな応急施設ばかりがならびだした。鉄鋼工作物築造許可規則公布後の街並は、急速にみすぼらしくなっていく。

くりかえすが、奢侈品一般が禁じられたのは、一九四〇年からであった。民間の自動車へガソリンがゆきわたらなくなったのは、一九四一年からである。パーマネントがしりぞけられたのさえ、一九三九年であった。それらは、盧溝橋事件から、二、三年の時をへたあとで、とりしまりの対象となっている。

くらべれば、鉄筋コンクリートの建築がたてられなくなった時期は、あまりに早い。それだけ、当局者には、現代建築への敬意が欠落していたということなのだろう。

もちろん、平時の建設作業は、大量の鉄材をつかう。これをやめさせれば、軍方面へまわせる鉄の量も、いっきにふえる。その統制効果が大きいことも、建築への規制をいそがせたろうか。

しかし、当局が建築の形などどうなってもいいと考えていただろうことも、見すごせない。建築文化じたいが、不急不用の「贅沢品」だとみなされていた。その度合いは、美術や出版、そしてパーマネントをも上まわるとされていたのである。

たったひとつの落雷で

一九三〇年代の末には、木造のバラック・オフィスが急増したと、さきほど書いた。しかし、そんなものを都心にたててもいいのかと、いぶかしく感じる人もいるだろう。じっさい、そうした施設では、じゅうぶんな防火対策が見こめない。消防方面の行政機関からは、苦情もとどきそうな建物になってしまう。

東京でも都市の不燃化が、以前からめざされていた。都心では、木造の公共施設やオフィスなどが、ゆるされなくなっている。そんな状態のところで、なぜバラック化が推進されたのか。誰しも不可解に思うところではあろう。

だが、鉄鋼工作物築造許可規則以後は、不燃化にさからう趨勢《すうせい》がわきおこる。すべては軍事。都市の防火対策などにはかまっていられないという方向へ、国家は舵をきる。

たとえば、東京でも、皇居前の大手町あたりには、木造バラック庁舎が林立した。あるいは、日比谷通りから内堀へとむかうあたりにも。そんな東京の中枢とも言うべきエリアに、応急的な施設はむらがった。大蔵省や企画院、そして興亜院（のちの大東亜省）などの臨時庁舎が、である。

中央官庁の新施設を、みすぼらしい構えでたてていく。当局者は、そのいとなみじたいに、啓発の効果を期待した。国家をになう官僚たちも、貧相な建築でたえている。国民も見ならってほしい。宏壮《こうそう》な建築はあきらめてくれ。そんな啓蒙の媒体に、建築躯体《くたい》そのものがなりうると、考えていたのである。

ふだんなら、建築関係の行政当局は、なによりも安全面に気をくばる。建築許可の確認申請にさいしても、防火対策は最重要点検項目のひとつとなる。しかし、この時代には、行政が率先して、耐火性の弱い建物をたてだした。安全面を犠牲にしてでも、戦争の遂行に協力する姿勢を、しめしたのである。

ヨーロッパの戦争当事国も、総力戦下に、軍需を重んじた。しかし、このような木造バラック群が出現したところは、皆無である。その貧相さを耐乏生活のすすめに活用することなど、想いつきもしなかっただろう。だが、日本の戦時体制は諸官庁に、そこまでふみきらせたのである。

一九四〇年六月二〇日のことであった。この日は東京に雷が発生し、そのひとつが大手町の航空局庁舎へおちている。もとより、一九三〇年代末にたてられた急造バラックである。防火面への配慮はかけていた。そのため、同局は全焼するにいたっている。

ことは、それだけにとどまらない。航空局を焼いた火は、近くの似たようなバラック庁舎にも、とびうつる。そして、合計二十一棟のオフィスを焼失させた。大蔵省、企画院、中央気象台（現気象庁）などの応急事務棟を。

たかがひとつの雷で、これだけの火災をおこしてしまう。そんな建物では、中央官庁の執務をまもる箱となりえない。やはり、もうすこししっかりしたオフィスが必要だったのではないかと、私などは考える。

しかし、ひとつひとつの建物は、焼けてもさほどおしくない。安普請《やすぶしん》の庁舎ばかりであり、たてかえるのはかんたんである。その意味では、戦争遂行の足手まといとなる度合いも、小さかったろう。

ローマの戦争を、想いかえしていただきたい。コロッセウムやバチカンをはじめ、ローマには、こわすことのできない建築がたっている。それが爆撃される可能性におびえ、イタリアは戦争の継続をあきらめた。ローマの建築遺産は、戦争をおしとどめる、その抑止力も発揮しえたのである。

しかし、新出来のバラック庁舎なら、いくら焼かれても、それほどの損失は感じない。建築に足をひっぱられて戦争ができなくなる心配は、しなくてもいいだろう。逆に、戦争への抑止効果は、とうていのぞめない。

第二次大戦で、日本はアメリカの空爆を、長期にわたりたえしのいだ。すぐに降伏をしたイタリアとちがい、首都の大半を焼かれてもたたかいつづけている。それは、燃やされてもおしくない建物しかなかったせいだと、私はにくまれ口をきいた。

大蔵省のバラック庁舎などは、そんな建物の代表例としても、記憶にとどめたい。

タイルは自粛して

大蔵省の後身となる財務省の現庁舎は、霞が関にある。これも戦時下の建築で、一九三九年には、いったん工事をおえている。まだ、完成してはいなかったのだが、とりあえずこれで竣工したことにしたのである。

鉄筋コンクリート造のビルであり、とうぜん鉄鋼は五十トン以上つかっていた。ただ、建設作業には鉄鋼工作物築造許可規則の公布前から、とりかかっている。この規則にしばられない日程で、工事はすすめられていた。平時の庁舎らしい建築を竣工させることがで

現在の財務省本庁舎（東京・霞が関）

きたのも、そのためである。

しかし、大蔵省は鉄材の使用制限をおしすすめた、その先導役とも言うべき官庁であった。鉄鋼は軍需へまわせ、五十トンをこえてつかうなと言いだしたのはこの官庁なのである。その唱道者が、自分たちの庁舎だけをりっぱに完成させてしまうのは、やはりまずい。

そんな想いも、どこかにはあったのだろう。この時できあがったとされた新庁舎は、いっさい外装工事をほどこしていない。今の財務省庁舎は、タイルがはられている。しかし、当時はコンクリートの地肌をさらしたまま、工事をとめていた。

大蔵省じしんが、身を切る改革にのりだしたのだと、いちおううけとれる。身をもって範をしめしたのだと、言えなくはない。

しかし、大蔵省の官僚は、あらかじめ了解していただろう。鉄鋼工作物築造許可規則の公布される、そのスケジュールを。これがいつから効力を発揮するのかも、じゅうぶんわきまえていたはずである。立案の当事者なのだから。彼らはそれを知りつつ、ぬけがけめいた工事で本格的な庁舎を竣工させていた。

今、当時をふりかえり、私は彼らのことをずるいと思う。おそらく、大蔵省から建設自粛の訓示をうけた関係各方面も、そう感じたにちがいない。外装をはぶいた竣工は、そうした暗々裡《あんあんり》の非難にこたえる、せいいっぱいの演出か。

いずれにせよ、この時タイルをはらない鉄筋コンクリート造の庁舎は、たちあがった。見ようによっては、コンクリート打ちっぱなし仕上げの初期事例だと、言えなくもない。本格的な打ちっぱなしの普及は、戦後になってからの現象である。だが、戦時下の建築事情も、それをもたらしたことを、ついでに書いておく。

一九四〇年の落雷で、大蔵省のバラック庁舎も類焼したと、さきに書いた。大手町の建物が、この時焼けおちた、と。ねんのためのべそえるが、この大手町庁舎と、今紹介をした霞が関庁舎はべつものである。混同されるとまずいので、くどいが説明をおぎないたい。

大蔵省は、鉄鋼工作物築造許可規則をだしぬくかのように、霞が関で建設工事を開始した。外装はあとまわしにされたけれども、とにかく本格的な庁舎をたてることができている。そのいっぽう、大手町では、規則にのっとった臨時庁舎を設営した。こちらは、戦時にあわせたと、胸をはって言いつのれるみすぼらしい体裁で。

もちろん、そう釈明をしたいために、わざわざ大手町庁舎をもうけたわけではないだろう。大蔵省なりに、なんらかの必要性があって、庁舎の分室をこしらえたのだと思う。どちらにせよ、この別棟は、竣工後ほどなく焼失するのだが。

大蔵官僚も将門にはおびえたか

すこし、脇道へはいる。

大手町の一丁目には、平将門の首塚がある。今は、平らな地面の上に、塚がたっている。しかし、関東大震災の時までは、塚をささえる地面が、こんもりふくらんでいた。土をもられていたのである。江戸時代にここで屋敷をかまえた大名たちは、これを庭園の築山に見たててきた。

明治の政変で、大蔵省にはこの武家屋敷跡が、あたえられている。うけついだ大蔵省も、

将門首塚の碑（東京・大手町）

首塚と築山状の盛土《もりつち》は、そのまま温存した。新庁舎をたてるさいにも、それらをたもたせつつ、建設工事をすすめている。将門のことは、それなりに気をつかってきたのである。

大震災でそれまでの大蔵省庁舎は焼失した。あたりも、すっかりくちはてている。この折に、首塚の盛土をしらべた者も、いたらしい。しかし、将門をしのべるような遺品は、何もでてこなかったという。

これで、将門と首塚のつながりが、軽んじられるようになったせいだろう。周辺までふくめ、地面は平坦にならされた。首塚の盛土はもとへもどされず、そのまま放置されている。

のみならず、大蔵省は震災後の仮庁舎を、その上へ建設した。将門の首塚だとされた地面に、その庁舎で蓋をしたのである。将門の怨霊などにはおびえない、いかにもエリート官僚らしい判断を下したということか。

だが、以後大蔵官僚には、怪我や病気があいついだ。ある大蔵大臣は、在任中になくなっている。首塚を撤去した、そのたたりだという声も、いやおうなくうかびあがってくる。けっきょく、首塚の上にたてられた仮庁舎は、とりこわされている。さらに、大蔵省は将門の怨霊をしずめるため、鎮魂祭を挙行した。東京帝大の法学部をでただろうエリートたちも、将門にはおびえていたようである。

その後も、しばらくは、毎年これがつづけられたらしい。だが、日中戦争がはじまったころには、おこなわれなくなっている。生産力の増強がさけばれ、怨霊どころではなくなったということか。

将門への配慮が下火になったそのころに、各省庁は大手町へバラックをたてだした。企画院や大蔵省の臨時庁舎などを。そして、一九四〇年の六月には、そんな庁舎群のただなかに、雷がおちている。中央の諸官庁は二十一棟もの建物を、そのためにうしなった。

将門は平貞盛らにうたれ、九四〇年になくなっている。落雷で二十一棟が全焼したのは、一九四〇年であった。将門没後の、ちょうど千年目にあたる年である。そのため、この火災は、ふたたび将門へ付会されるようになっていく。将門の怨霊が、千年の時をへだて、二十一棟の庁舎を焼いたのだ、と。

以前に鎮魂祭をもよおした記憶が、どこかにあったせいだろう。将門没後の千年祭を、こんども大蔵省はひらいている。大手町では、将門の怨霊になやまされつづけたようである。

さて、この一九四〇年は、いわゆる皇紀の二千六百年目にもあたっていた。神武天皇が即位をしてからそれだけたった年だとも、当時は言われていたのである。そのため、皇居東の宮城前広場では、紀元二千六百年の祝賀行事もとりおこなわれた。

皇室をことほぐ紀年祭が、丸ノ内の西側で挙行される。そして、大手町、丸ノ内の北側では朝廷にそむいた叛徒《はんと》の紀年祭が、とりおこなわれた。同じ一九四〇年に、すぐ近くで、皇室と謀叛人のつどいがもたれている。そのどちらも、政府の当局筋が音頭をとるというかっこうで。

なかなかにあじわい深い場であり、時代でもあった。だが、東京史の読み物を見ても、この奇遇にはあまりふれられていない。本題からはすこしそれるが、あえて書きつけることにしたしだいである。

鹿鳴館をこわされて

鹿鳴館は、明治時代に対外的な社交がくりひろげられた施設として、知られている。日本女性が、なれないバッスルドレスで西洋の外交官とおどらされた。あるいは、明治の元《げん》勲《くん》たちが、仮装に興じあったことでも、おぼえられていよう。

当時の外交交渉じたいは、条約改正のことだが、けっきょく失敗におわっている。鹿鳴館じたいも、外交の館としては活用されなくなった。のちには華族会へひきわたされ、旧貴族の社交場となっている。一八九八年には、その名も華族会館へとあらためられた。

建物じたいは、当初の敷地、内山下町（現内幸町一丁目）に、しばらくのこされている。日中戦争がはじまってからも、三年間はたもたれた。だが、一九四〇年には、とりこわされている。

その跡地には、生産力の増強をあとおしする施設が、たてられた。商工省の庁舎や、産業界のオフィスなどが。そのため、この内幸町でも、木造のバラックが、軒をつらねるようになっている。大手町と似たような、貧乏くさい街並が、出現したのである。

華族会館＝鹿鳴館からは明治の有閑的な想い出が、いやおうなくただよう。国家総動員の時代には、ふさわしくない。こういうものは解体して、戦時むきの施設にあらためよう。

落成時の鹿鳴館（現在の東京・内幸町）

以上のような判断があっての決定ではなかったか。
「贅沢品は敵だ！」と、国民精神総動員本部は、声をあげている。そのやりだまに、鹿鳴館はあげられたのだろう。まあ、解体作業は、「贅沢品……」の立看板がでまわるよりさきに、はじめられているが。
　この時代に、鹿鳴館のとりこわしをおしむ声が、まったくなかったわけではない。たとえば、建築家の谷口吉郎が「明治の愛惜」という文章を書き、その点にふれている。『東京日日新聞』によせた「生活の断片」という連載での指摘である（一九四〇年一一月八日）。
「先日も日比谷を通ると、黒門の奥にあった鹿鳴館の姿がなくなって、その跡に新しいバラックの工事が始まっていた。きっとこれからそのバラックで大事な仕事が執務されるのであろうが、回顧心がそのやり方に惜しいものを感じさせた……あの歴史的に意義のある建築をただこわしてしまわずに、何か有意義な目的に、それを活用することは出来なかったろうか」

鹿鳴館をバラックにかえていく。そんな時局の勢いを、正面から否定してはいない。きっと、そのバラックでは「大事な仕事」がおこなわれるのだろうとも、書いている。当局の姿勢にも配慮を、皮肉かもしれないが、しめした文章だと言えよう。

しかし、うったえるべきことも、谷口はのべていた。鹿鳴館の建築を、うまくつかいこなす手だては、さぐれなかったのか。生産力の増強へつきすすむ戦時下の当局に、そう批判の言葉をつきつけてもいる。

谷口は言う。明治生まれの人びとが明治の遺品をもちより、博物館で展示する。鹿鳴館を、そういう博物館の建物として利用する手もありえた、と。

鹿鳴館から明治村へ

谷口は一九三〇年代末のヨーロッパをめぐった建築家である。歴史的な建物はこわさずに、博物館として活用しよう。当時の日本ではなじめる人のいないこの提言も、欧州流のそれであったとみなしうる。

もちろん、日本の当局は、こういううったえを歯牙にもかけなかった。まったくかえりみずに、バラックを普及させている。のみならず、日本の読書人たちも、ほとんど問題にしなかった。谷口は舶来風の建築観をふりかざす、孤独な論客であったと考える。

その四半世紀後に、愛知県の犬山市で明治村という野外博物館が、開設された。一九六五年の初代館長は、その設営に力をつくしてきた谷口吉郎である。村びらきへこぎつけたよろこびを、谷口はこう回想する。

「私が、こうした明治の建物を安全な所に移築し、保存したいと思ったのは昭和十五年であった。その年に『鹿鳴館』が取り壊された……明治期の代表的建築が壊されるのを見て、私はいかにも惜しいと思った……そのときの明治建築に対する愛惜の情が……『明治村』を開設する動機となったのである」(「明治建築の野外博物館」一九七七年)

犬山の明治村は、一九四〇年の戦時体制とひびきあう。あの戦争が見すててかえりみなかったものに、すくいの場をあたえたい。明治村は、そうした想いがもたらした野外公園なのである。

私はここをおとずれるたびに、戦時下のバラック群を幻視する。同時に、解体された鹿鳴館へも、想いをはせてしまう。こまったものである。

最大限にみつもっても築百五十年にしかならない建築遺構を、移築保存する。こういう野外公園を、ヨーロッパでは、まず見ない。彼地だと、数百年前の建物でも、それがたっている地所でたもたれるものである。また、戦争がこわした建築も、同じ場所で、もとどおりに再建されやすい。

谷口は明治村の開設をよろこんだろう。やっとできたという想いで、みたされもしたと思う。しかし、街のなかでは保存のできない日本の現状を、あらたにかみしめたかもしれない。スクラップ・アンド・ビルドへ傾斜する日本の勢いを、再確認したのではないか。

第九章 坂口安吾の「日本文化私観」を批判する

「日本文化私観」という読み物

「いきなり自分の恥をさらすようだが、私には桂離宮の良さがよくわからない」

若いころ、私はそんな文章ではじまる本を書いた。『つくられた桂離宮神話』（一九八六年）が、それである。

世間は桂離宮をほめそやす。日本建築の、また日本庭園の精華だとはやすむきもある。だが、私はあそこに、それほど大きな感銘をうけてこなかった。ほんとうに、桂離宮はそんなにすばらしいのか。誰がそんなことをきめたのかと、私は疑問をいだくようになる。

絶賛の声は、一九三〇年代に高まった。国民的な人気は、二〇世紀の後半にもりあがっている。その裏に、評判を上げていく、なんらかのメディア的なからくりがあったのではないか。以上のように疑いの目をむけ、神格化の筋途をおいかけた読みものである。

事情通は、ブルーノ・タウトのほめ言葉が、世の風向きをかえたのだと、つげようか。タウトは一九三三年に日本へやってきた、ドイツの建築家である。そして、たしかに桂離宮を高く評価した。しかし、その啓蒙的な効果は限定的である。タウトの物言いじたいは、さほど大きなはたらきをはたしていない。

私は、タウトの揚言をものみこんで作動した二〇世紀の言説力学に、光をあてた。桂離宮の名声をふくらました背景の、その全体像にせまっている。『つくられた……』は、そういう本である。そのあらましを、これ以上ここでむしかえすことは、ひかえよう。

だが、この本へよせられた感想については、聞きずてにできないこともある。なかでも、坂口安吾との類似性をとやかく言われたことについては、腹がたった。

建築批評家の八束《やつか》はじめは、わざわざこう書いている。「安吾を韜晦《とうかい》させたように書き出す井上章一」、と（『思想としての日本近代建築』二〇〇五年）。似たような言葉は、多くの人からいただいた。そして、私はこういう指摘に、いきどおりをおぼえている。

安吾は、一九四二年に「日本文化私観」という文章を書いた。なかで、法隆寺や桂離宮をはじめとする建築文化史上の遺構を、あなどっている。それらは、なくなってもかまわないとさえ、言いきった。のみならず、タウトを見くびるような指摘も、のこしている。

桂離宮なんか、どこが良くてみんなありがたがるのか。私はそんな想いをこめつつ、自分の本を書いている。そして、桂離宮への無理解を軸にしながら、一冊をまとめあげた。安吾に似ていると言われることも、まったくわからないわけではない。

しかし、私は安吾の「日本文化私観」をきらっている。あんなのとはいっしょにされたくないという想いを、ながらくいだいてきた。これからは、そんな存念を、おおげさな言い方になりもうしわけないが、書きとめたい。

私は戦時下のイタリアや日本を、ここまでで論じている。両国の、いや両民族の、真反対とも言うべき建築観に、言葉をついやしてきた。そして、それらはみな、以下にくりひろげる「日本文化私観」批判の伏線になっている。安吾を語るこれからが本番なのだという強い気持ちをもって、執筆にのぞみたい。

バラックさえあれば

「日本文化私観」には、バラックへの言及がたくさんある。そして、そのどれもが、肯定的に言いおよんでいる。歴史の由緒があったり、美術的にみがきあげたような建物はいらない。精神さえすこやかであれば、建築はバラックでじゅうぶんだ。そうあちこちで、言いはなっている。たとえば、こんなふうに。

「京都や奈良の古い寺がみんな焼けても、日本の伝統は微動もしない。日本の建築すら、微動もしない。必要ならば、新らたに造ればいいのである。バラックで、結構だ」

「法隆寺も平等院も焼けてしまって一向に困らぬ。必要ならば、法隆寺をとりこわして停車場をつくるがいい。……我々の生活が健康である限り、西洋風の安直なバラックを模倣して得々としても、我々の文化は健康だ。我々の伝統も健康だ。必要ならば公園をひっくり返して菜園にせよ」

前にもふれたが、日本の戦時体制は、バラック以外の建築を、事実上禁止した。当局じたいが、新しい施設をバラックでまにあわせるよう、こころがけている。今は戦時であり、建築などにうつつをぬかしている余裕がない。軍需以外の建物は、みなバラックにしてしまえ、と。あたかも、その手本をしめすかのように。

さすがに、日本の戦時体制も、法隆寺や平等院を、わざわざこわしはしなかった。その跡地にバラックや停車場などを、もうけてはいない。その意味で、安吾の言いっぷりは、国家の実践より急進的である。

しかし、戦時下には、たとえば鹿鳴館が解体された。その同じ場所には、生産力の増強をあとおしするバラックのオフィスが、たてられている。明治外交史の記憶をとどめる、その意味では歴史的な意義のある建築が、こわされた。歴史的建造物は、役にたつとみなされた安普請の施設に、とってかわられたのである。

建築家の谷口吉郎は、消えゆく鹿鳴館をおしんでいる。戦時下の一九四〇年に、その気持ちを新聞紙上へあらわした。なんとかあれを、博物館としてでものこす手はなかったのか。そう読者へ問いかけ、国是にはよりそわない姿勢をしめしている。

国民精神の総動員が、当時はさけばれていた。「贅沢品は敵だ！」とも言われている。時代のいきおいは、うたがいようもなく鹿鳴館的なものの排除を、めざしていた。谷口は、この時流にそむく気概、抵抗の精神を見せたのだと、私は思う。

これにたいし、安吾は揚言した。建築文化なんか、なくなってもいい。「バラックで、結構だ」。「バラック」でくらしていても、「我々の文化は健康」である、と。

私にはこの言動が、戦時体制の旗ふりめいた物言いとしてひびく。国民精神総動員の御先棒をかついだ文士のように、安吾のことは思えてくる。

建築の値打ちなんて、気にすることはない。みんなバラックになっても、われわれはなんとかなる。なんなら、法隆寺だって、つぶしてしまってもかまわない。そう当局をはげます文士として、いやおうなく読めてしまう。じっさい、日本政府は都市建築のバラック化を、おしすすめていったのだから。

私じしんは、そんな安吾をきらい、谷口に気持ちをよせてきた。「安吾を韜晦させた……井上章一」というような批評には、まったくなじめない。心の底から、めいわくなレッテルだと思っている。

イタリアは、ローマの建築群を焼かれたくないという想いもあって、停戦へふみきった。建築文化をうやまうあまり、それだけのせいではなかろうが、敗北をうけいれている。こんなイタリア政府の決断を、安吾はどう感じたのだろう。「バラックで、結構だ」という文士には、理解がおよばなかったのではないか。

「フランスという国は不思議な国である」

イタリアが連合国との和解にこぎつけたのは、一九四三年である。安吾の「日本文化私観」は、一九四二年に発表されていた（『現代文学』二月二八日号）。これを書いた安吾は、まだイタリアの戦線離脱を、知るよしもない。

ただ、フランスがドイツに負けたことは、知っていた。第二次大戦で、ドイツ軍は一九四〇年の六月五日に、フランスへの攻撃を開始する。そして、同月一四日には、首都のパリを陥落させている。一七日には、フランスの対独降伏を勝ちとった。

もちろん、安吾はその経緯をわきまえている。敗北をえらんだフランス側の内情をも、おしはかっていた。そのうえで、「日本文化私観」には、こう書きつけたのである。

「フランスという国は不思議な国である。戦争が始ると、先ずまっさきに避難したのはルーヴル博物館の陳列品と金塊で、巴里《パリ》の保存のために祖国の運命を換えてしまった」

フランスがドイツとの本格的な戦争をさけた、その総合的な理由は、よくわからない。私はしらべたことがないので、断定的に語ることをひかえたく思う。

ただ、美術品の保存にも心がくばられただろうことは、じゅうぶんおしはかれる。パリの建築群も、こわされたくはなかったんだろうなと想像する。

パリが戦争にまきこまれれば、建築文化の宝庫が灰燼《かいじん》に帰すかもしれない。ノートル・ダム大聖堂やルーブル宮、そしてオペラ座などが焼失の危機にさらされる。もちろん、あの美しくととのった街並も。

それだけは、なんとしてもくいとめたい。以上のような判断から、パリをドイツ軍にあけわたしたという部分はあったろう。まあ、その側面が、非戦という判断にしめるウェイトのほどは、わからないのだけれど。

いずれにせよ、パリを温存させるための降伏であった可能性に、安吾は想いをはせていた。そのことだけは、うたがえない。

フランスの敗北にそういう一面があると、日本ではつたえられていたのだろうか。ざんねんながら、この点もしらべていないので、よくわからない。だが、とにかく、安吾は認識していたのである。フランスが「祖国の運命」をかえた一因は、「巴里の保存」にある、と。

そして、そううけとめたうえで、安吾はいぶかしがった。「フランスという国は不思議な国である」、と。どうやら、この文士には、建築というものの価値が、しんそこわからなかったらしい。都市をまもるためには、敗北さえいとわない民族の存在が、信じられなかったようである。

イタリアの脱落も、安吾には理解することができなかっただろう。さきほど、私はそう書いた。フランスを「不思議」がるその論じようから、おしはかったしだいである。

日本の近代を肯定して

敗戦後の日本は、主要都市の多くが焦土となったなかでの復興を、しいられた。そして、二〇世紀の後半には、そこへ鉄筋コンクリートのビルなどを、たてている。

もちろん、戦時中の空襲をまぬがれた戦前以来の建築も、いくらかはのこっていた。なかには、建築史上の傑作と言えそうな物件も、なかったわけではない。だが、戦後のスクラップ・アンド・ビルドは、そういう建物をもふくめ、すすんでいった。建築の歴史的価値はかえりみられず、新しい施設へとたてかえられたのである。

そのきざしが、戦前期になかったわけではない。「日本文化私観」にも、こうある。

「多くの日本人は、故郷の古い姿が破壊されて、欧米風な建物が出現するたびに、悲しみよりも、むしろ喜びを感じる。新らしい交通機関も必要だし、エレベーターも必要だ。伝統の美だの日本本来の姿などというものよりも、より便利な生活が必要なのである……我々に大切なのは『生活の必要』だけで、……生活自体が亡びない限り、我々の独自性は健康なのである」

これも、スクラップ・アンド・ビルドを肯定する発言になっている。建築の文化をあなどり、便利なもの、必要なものだけを、たてていく。そんな戦後史をも、予見的に見とおす指摘だと言える。

そして、これを書いた安吾は、戦時下のバラックをも良しとした。バラックを是としつつ、スクラップ・アンド・ビルドをもうけいれる。戦前、戦時、そして戦後もつらぬく即物主義を、私にはそう読めるが、提示したのである。

建築に関しては、文化的な価値や歴史的なそれにとらわれなくてもいいと言う。便利なもの、必要なものをたてていこうとする日本近代を、まるごとうけいれた。そもそも、日本人はそういう民族なんだ、と。「日本文化私観」は、以上のように見きったうえで、これを肯定した文章にほかならない。

明治の新建築も、戦時下のバラックも、この同じ構えで、肯定的に論じられる。戦後のビル建設ラッシュには、もちろん言及されていない。しかし、「日本文化私観」は、予言の書でもあるかのように、そこも見すえていた。

安吾の書きっぷりを深刻にうけとめ、賛嘆をおしまぬ文芸畑の人は、少なくないだろう。だが、けっきょくそれは日本の実態を肯定し、そこにひらきなおっている。現代までふくむ、日本近代への応援歌めいた文章でしかないのである。

いずれにせよ、安吾にヨーロッパ的な建築観は、とどかない。ワルシャワは、街を復元するさいに、ひびわれまでふくむ忠実な再現をこころがけた。フィレンツェは築七百年におよぶ建物を市庁舎として、つかいつづけている。そういう考えへの共感は、いっさい見られない。もちろん、都市と建築をまもるために、敗戦までひきうける姿勢へのそれも。

とはいえ、私にも安吾の日本像が日本近代の姿そのものであったことは、のみこめる。日本は、安吾がしめしてきたように走ってきたなと、しみじみそう思う。しかし、西洋的な建築文化の蜜をなめたことのある私は、この考えによりそえない。どうやら、私は舶来風をふかす、日本にとけこみきれない、いやみな奴だということか。

知らないのなら、だまっていろ

建築は必要なもの、便利なものであればよい。そこをつきつめれば、おのずと美しさもうかんでくる。美をめざした作為は、けっきょく美をだいなしにする。「日本文化私観」は、そんなふうにも論じている。

のみならず、必要だけをもとめて美がかもしだせた建築例も、あげている。たとえば、小菅《こすげ》の刑務所と東京の中央区にあったらしいドライアイスの工場を。あと、建築ではないが、軍艦の美しさも、同じ範疇にぞくする例としてもちだした。安吾は、それら三つを、こんな言い方でほめあげる。

「なぜ、かくも美しいか。ここには、美しくするために加工した美しさが、一切ない。……ただ必要なもののみが、必要な場所に置かれた。……この『やむべからざる実質』がもとめた所の独自の形態が、美を生むのだ」

また、小菅刑務所については、こうものべていた。「この大建築物には一ケ所の美的装

小菅刑務所・管理棟（現在は東京拘置所・管理棟）

飾というものもなく」、と。

この刑務所は、一九二三年から工事がはじまり、一九二九年に竣工した。当時の司法省ではたらいた建築家・蒲原《かんばら》重雄の作品である。そう、私はあえて言う。これは作品だ、と。

ここには、ドイツ建築の様式的な流れが、うたがいようもなくつたわっている。ユーゲントシュティールの形が表現派の建築様式へうつっていく。その過渡的な形式で、やや表現派よりに、形はあんばいされている。

ここからは、表現派風に美しくしあげようとする細工が、はっきり見てとれる。「必要なもののみ」でできたとは言いがたい遊戯的な形態操作の跡が、うかがえる。建築の勉強をしたことのある私には、いや建築畑の人なら誰でも、それを読みとれよう。たとえ、刑務所のなかには入らず、外からざっとながめただけでも。

これを「一ケ所の美的装飾」もないと書ききる安吾に、私はあきれる。この人には、見る目がなかったんだなと、感じいる。安吾なんかとはいっしょにされたくないと、そう私がねがうゆえんのひとつでもある。

刑務所だから、よけいな飾りはないだろう。安吾は、そうはじめから思いこんで、文章を書いたのかもしれない。だが、司法省につどった建築家たちは、ユーゲントシュティールの導入を、おしすすめた。その先駆者でもある。刑務所の建築については、彼らの表現媒体としても、とらえていた。

「僕は建築界のことに就《つい》ては不案内だが」と、安吾は書く。また、「建築の工学的なことに就ては、全然僕は知らない」とも、のべている。たしかに、そのとおりだと思う。「知らない」のなら、だまっていたらいいのにとさえ、言ってやりたくなる。

それにしても、どうして安吾はこれを書く気になったのだろう。「不案内だが」、建築の話ぐらいならできると思いたった。そのよりどころは、どこにあったのか。

建築は観念の代用品なのか

安吾は、若いころに仏僧となって出家することを、考えていた。そのため、東洋大学の印度哲学倫理科へ、かよっている。なかでも、禅には強くひきつけられていたらしい。「日本文化私観」でも、いたるところに、寺や仏教、そして僧侶の話題がでてくる。のみならず、そのくだりに、けっこう重い意味をこめてもいる。たとえば、こんな指摘がある。

「寺院は、建築自体として孤独なものを暗示しようとしている。……然《しか》しながら、そういう観念を、建築の上に於てどれほど具象化につとめてみても、観念自体に及ばざること遥《はるか》に遠い」

いくら建築が、寺の堂塔が「孤独」をあらわそうとしても、おぼつかない。「孤独」という観念じたいには、けっしてせまりきれないという。

この論法は、いたるところでパラフレーズされている。茶室も、同じような論法で、その価値がおとしめられた。いわく、「茶室は簡素を以て本領とする」。だが、茶室としていとなまれた以上、「無きに如かざるの精神」にはたどりつけない。建築として存在する以上、「『有』の所産」であり「無」はしめせないという。

しかし、そもそも寺は「孤独」を建築でしめそうと、ほんとうにしていたのか。茶室は「簡素」や「無」という観念の具象化を、こころみた。そういう前提じたいに、安吾の思いこみやゆがみがあると、私は考える。

安吾は建築を、ある観念の代用品として位置づける。そして、建築はけっきょく、観念そのものにおよばないと、きめつけた。建築という形でしかしめせない何かがあるとは、想いいたれない。つねに、観念の模造品、観念じたいをとらえそこなったまがいものとして、見てしまう。

安吾は言う。龍安寺の石庭は、「深い孤独やサビを表現し」ようとしたかもしれない。「深遠な禅機に通じ」ようともしただろうか。しかし、人びとが想いうかべるそうした観念の大きさに、石庭はいたれない、と。

だが、しかしという形で、安吾は言葉をつづける。たとえば、松尾芭蕉の俳句は、そうした観念をみごとにとらえている。だから、「龍安寺の石庭よりは、よっぽど美しいのだ」、と。

坊主さえいれば寺はいらない?

言葉でくみたてられる文芸は、観念そのものをつかみとることができる。だが、建築や庭園といった第二級の媒体には、その能力がない。安吾の論法は、つねにそういう形で、すすめられていく。

話は単純である。言葉をつかう言語芸術はえらい。建築をはじめとする非言語表現は、くらべて見おとりがする。ただそう言っているだけなのである。一種の文学至上主義が、となえられているにすぎない。

「僕は文学万能だ。……文学を信用することが出来なくなったら、人間を信用することが出来ないという考えでもある」

「日本文化私観」には、そんな文句もある。ここに、安吾の地金が、あられもなく露呈していると、私は見る。けっきょく、文学ばんざいという側の書き手だったのだと、あきれている。

つづいて、仏教や僧侶と寺院建築が対比的に論じられたくだりを、ひいておく。

「寺があって、後に、坊主があるのではなく、坊主があって、寺があるのだ。寺がなくとも、良寛は存在する。若《も》し、我々に仏教が必要ならば、それは坊主が必要なので、寺が必要なのではないのである」

本質は宗教と宗教者にある。宗教建築は、その表層でしかないということか。

建築びいきの私には、まったく逆の構図も脳裏をよぎる。宗教が信仰という本質をうしなっても、建築は生きのこりうる。堂塔の輪奐を、宗派のちがう人びとにも、うったえかけることができる。あるいは、無神論の人びとにも。古代ギリシアの信仰はとだえても、パルテノン神殿がかがやきつづけたように。大いなる形骸として。

そして、安吾はそういうふうに考えをめぐらせない。京都の寺などは、仏教と僧侶さえいれば、焼けてもいいと言いきる人であった。坊主なんか、いなくてもいい。堂塔と庭、そして仏像などがあれば、じゅうぶんである。安吾とは反対のそんな陰口も、京都ではしばしば耳にするのだが。私が言いふらしているわけでは、ないけれども。

教養の欠如に喝采を

坂口安吾は、京都の祇園で舞妓たちとあそんだことも、あったらしい。だが、じっさいには期待はずれであったと、のべている。事前には、「特別の教養を仕込まれているのかと思っていた」。だが、「そんなものは微塵もな」かったという。彼女らの無教養ぶりには、あきれていたようである。

私も似たような想いを、東京で、オスカープロモーションのモデルにいだいたことがある。

あれは、一九八〇年代のおわりごろであった。私は「全日本国民的美少女コンテスト」の少女たちに、自分史をたずねている。自分はきれいだという自意識のめばえを、聞きとっていった。まあ、取材と称して、かわいい女の子たちをおがみたかっただけかもしれないが。

オスカーの事務局へは、事前に『つくられた桂離宮神話』を、とどけている。自分は研究者だ、あやしい者じゃあないと、あかしをたてるために。ああ、われながらいやらしい。じっさいは、野次馬めいた下心もあったのに。

オスカーのオフィスをおとずれた私は、事務局の男性から三人のモデルを紹介された。その折、彼は三人に、私のことをこうつげている。「京都からきた人で、桂離宮の研究をしているらしい」、と。

だが、三人のうち二人は、桂離宮の名を知らなかった。それはなんですかと、私は逆に質問をうけている。かんたんな説明をしたが、その時はせつなくなった。

桂離宮は神格化されている。有名でありすぎる。そのからくりをあばいたと、私は自負もしてきた。だが、二人のモデルは名前も知らないと言う。彼女たちにとっては、まったく神格化されていないという現実を、私は見せつけられた。自分のことを、サギ師ででもあるかのように感じさせられた一瞬ではある。

ひとりのモデルが、さらにこんなことを聞いてきた。

「それは、大阪の落語家さんですか」

桂りきゅうという桂一門の噺家が、大阪にいる。彼女は、反射的にそう思ったらしい。私のことも、お笑い方面の芸能評論家だと、みなしたのだろうか。

だが、私は彼女らのしめした教養の欠如に、心のなかで喝采をおくっていた。と同時に、自分がその教養にすがりついて生きてきたことも、かみしめている。

桂離宮をもちあげる知的な権威主義を、私は『つくられた……』で批判した。しかし、そんな私じしんも、同じ権威主義の側にいることを、痛感している。彼女らから見れば、同じ穴の狢《むじな》だ、と。言いかえれば、モデルたちの仲間には、とうていなれないことを思い知らされたのである。

私の知的な思い上がりを、彼女たちはうちくだいてくれた。その点では、感謝の気持ちを、皮肉でもなんでもなく、いだいている。無知な舞妓に、ただがっかりしたという安吾流の教養主義を、私はもちあわせていない。あんなのとはいっしょにしてほしくないと、くりかえし強調しておこう。

第十章

利権まみれの街

クール・ジャパンの一角に

「うしなわれた十年」という言い方がある。あるいは、「うしなわれた二十年」と言ったりもする。二〇世紀末に、日本経済は成長をとめた。いわゆるバブルの崩壊で、景気の低迷を余儀なくされてしまう。それで元気がなくなってしまった状態を、「うしなわれた」という形容はさしている。

また、この停滞は日本人を内むきにしたと、よく言われる。外国に背をむけた自閉性、いわゆる「ガラパゴス化」も、各方面でとりざたされた。学生が留学をしたがらなくなったと、大学でささやかれだしたのも、このころからである。

ただ、アニメやマンガは、そんな時期にあっても、世界へはばたいた。日本食、たとえば鮨やラーメンも、諸外国で見かけることがふえている。

じつは、日本の建築家たちについても、同じことが言える。彼らが海外で仕事をまかされるケースも、この時期にまちがいなくふえている。じじつ、磯崎新《あらた》や安藤忠雄らの建築作品は、世界各地に点在する。もっと若い世代もふくめ、国際的に活躍をする建築家は、めずらしくなくなった。

アニメや鮨と建築のあいだに、共通する何かがあるのかどうかは、わからない。だが、建築家たちが世界からむかえられだしている背景については、想うところもある。私なりの状況説明が、できないわけではない。これからは、彼らの国際化をあとおししたバックグラウンドを、論じていくことにする。

利益のためだけにつくられて

ファブリツィオ・グラッセッリという建築家がいる。ミラノ工科大学で建築をまなんだイタリア人である。今は東京に居をかまえ、イタリア文化の紹介につとめている。日本語の著作も、けっこうある。

東京でくらすグラッセッリは、市中のそこかしこに江戸の痕跡を発見する。そして、かつてはあっただろう「街の美しさ」に、しばしば想いをはせてきた。いっぽう、今の東京にそれを見いだすことはむずかしいと言う。

都市の景観に関しては、過去を美化する側のひとりである。いかにも、歴史的な街並の保存を重んじる国からきた人らしいなと、そう思う。

ところで、美しかった江戸は、なぜ今日のみにくい東京へ変貌してしまったのか。その理由を、グラッセッリは、今の東京がつぎのようになったからだという。

「それは不動産業者や金融機関、政治家たちの利益のためにだけつくられた街だったからです」（水沢透訳『イタリア人が見た日本の「家と街」の不思議』二〇一六年）

イタリアの都市には、きびしい建築制限がある。地権者の自由は、たとえば自社ビルのたてかえにさいしても、まずみとめられない。すべてに公共性が、歴史的な景観の維持が優先される。地上げによる再開発も、よほどのことがないかぎりありえない。その状態になじんだ人がながめれば、東京の街並は利権ずくでできていると、思えよう。

東京だけにかぎったことではない。日本の都市は、みなそうなっている。歴史都市を自任する京都でも、その点は同じである。

いや、京都では看板の色が規制されているというむきも、なかにはあろうか。だが、イタリアの規準で見れば、京都も東京もかわらない。街並は、個別の利益をもとめるビルの雑多な集合で、ともに構成されている。

しかし、江戸時代の日本はちがう。江戸期の都市には、幕府や大名が家作制限をもうけていた。身分によるけじめを、おしつけていたのである。人びとは、その枠をこえることが、ゆるされていなかった。

たとえば、景気のいい商家を、想いうかべてほしい。今なら、建物の高層化、あるいは増床といったことを、順調な経営者なら考えよう。だが、江戸期の家作制限は、それをみとめなかった。商人が身分をこえて建築の膨張にふみきる自由を、抑圧していたのである。

木造の時代だから、技術的に高層化がむずかしかったせいではない。豊臣政権下の大阪には、三層建ての建物をいとなむ商人も、けっこういた。豊臣氏は、その意味で、あまりブルジョワの成長をじゃまだてしなかったのだと、みなしうる。すくなくとも、大阪では。

そのあとでできた江戸の幕藩体制は、彼らの成長より身分にかかわる秩序のほうを重んじた。豊臣時代にゆるされだした建築の自由を、上からおさえこんでいる。商人は低層の家屋にあまんじよ、と。まあ、江戸初期には、まだ三層の商家もたてられていたのだが。

とにかく、商業地には、同じ家作制限をうけた建物が、ならんでいた。そのため、統一感のある街並が、おのずとできあがる。グラッセッリのいう「街の美しさ」が、江戸時代にはなりたっていたのである。

いっぽう、今の日本では、地権者がかなりの自由を獲得するにいたっている。自社ビルの拡大や刷新も、利益をもとめるふるまいだが、基本的にゆるされる。公共性の名において、これをとがめることは、特殊な地区をのぞいてありえない。

この今日的な日本の状況を、グラッセッリはつぎのようにとらえている。
「日本は、どの土地に、どんな建物を造るのかについては、すごく『自由』で建物の建設についての規制がとってもゆるい……というか、イタリアをはじめとするヨーロッパの国々から見たら、ほとんど『何でもあり』の状態だってことはたしかだ。この点に関しては、日本は世界で最も『自由』の範囲が広い国の一つだと思うよ」(同前)
建築が「利益のためだけにつくられる」。その自由、ヨーロッパではありえない自由を、日本は勝ちとった。江戸の身分制からは、決定的にぬけだしたというのである。
近代の日本は、ブルジョワ革命をなしとげたのだと、私は見る。ヨーロッパでは、ブルジョワジーの建築的な自由は、まだ多大な制限をうけている。革命は不徹底なままに、とどまった。すくなくとも、都心では、ほとんど起動していない。だが、日本のブルジョワは「何でもあり」とさえ言いうる自由を、手にいれたのである。

社会科学者には見すごされ

いっぱんに、ヨーロッパは近代的な自由のめばえたところだとされている。くらべて、日本は自由という観念の普及がおくれたと、言われてきた。あるいは、日本人の手にした自由はゆがんでいるという言い方も、よく聞かされる。

前にものべたが、戦後日本の社会科学はこういう口吻を、まきちらかしてきた。純粋な自由は西洋にある。日本のそれは、封建制の残渣により歪曲されている、などなどと。ブルジョワ革命の比較にさいしても、似たような物言いがとびかったものである。フランス革命では、尖鋭的な政策が断行された。くらべて、明治維新のそれは、中途半端な改革にとどまっている。おかげで、明治以後になっても、封建的な仕組みが残存しつづけた、と。

しかし、都市の景観をくらべるかぎり、話はまったくちがってくる。日本のブルジョワが勝ちとった自由は、ヨーロッパのそれより、はるかに大きい。

だが、日本の社会科学者は、日本の自由はねじまげられていると、言いつづけた。あるいは、明治維新も不徹底な改革でしかなかった、と。

彼らは、日欧の街並を比較しようとしなかった。建築のつらなりぐあいがしめす光景からは、目をそむけている。目にうつる具体的な形を、判断の材料とはしていない。

では、社会科学者たちは、何を読みとろうとしたのだろう。事態は、はっきりしている。ヴィジュアル面ではうかがえない何かを、抽出しようとした。近代的な精神、あるいはエートスとでもいったものを、彼らはさぐりつづけたのである。そして、その目に見えない要素をくらべ、日本のそれはゆがんでいると言いたてた。

社会科学者たちには、街並など、ただの外面的な形象でしかなかったのだろう。近代化の度合いがおしはかれる指標は、もっと奥深いところにひそんでいる。都市の表側などからはうかがえないどこかに、その本質はある。以上のような想いに、とらわれていたのだと考える。

ブルジョワ的な、あまりにブルジョワ的な

こういう社会科学者の姿勢を見ていると、いやおうなく坂口安吾を想いだす。「日本文化私観」の書きっぷりが、脳裏にうかんでくる。

安吾は言いきった。仏教の本質は僧侶、および僧たちのいだく観念にある。寺院建築や庭園などは、その本質にまったくかかわらない。だから、庭や堂塔が何をあらわそうとしても、仏教そのものには遠くおよばないのだ、と。

のみならず、安吾はこの論法をさまざまな形でくりひろげた。建築などは、観念をとらえきれない、おとった媒体だと、くりかえしのべている。自分にとっては、観念じたいに

せまれる言語芸術、文学こそがいちばんだと言いながら。

社会科学者の多くも、安吾と同じ弊《へい》におちいっていたのだと思う。建築や都市の外見などは、語るにあたいしない。より本質的な精神こそが、近代化のいかんを問うさいには、よりどころとなる。そう思えたからこそ、日本の都市景観における近代化を、見すごしたのだろう。

建築を見くびった安吾は、法隆寺や平等院にも敬意をはらわなかった。あんなのはバラックにかえてもいいと、書いている。

建築などはつかい手の都合で、いかようにもたてかえていけばいい。その時どきに必要なものをあてがえば、もうじゅうぶん。日本人の精神が、建築ごときに左右されることはない。だから、生活さえなりたつ建物があれば、ことたりると、論じきった。

建築はつかいすてでかまわないという。この揚言は、日本近代の実相を、まるごととらえている。そして、そんな考えの延長線上に、「利益」をおいもとめた今の街並はある。ブルジョワたちの都合でできた景観が、われわれの前にたちはだかる。

もちろん、安吾はそんな現代都市の姿を、見ていない。だが、たとえながめることがあったとしても、意には介さないだろう。建築などは、バラックでかまわないと言う人なのだから。

そして、戦後の社会科学者も、この点にはとんちゃくしていない。彼らは、よってたかって、日本における近代化のゆがみやおくれを、特筆した。

ヨーロッパ以上の勢いで近代化をとげていく都市景観は、そんな彼らの論旨にそぐわない。立論のじゃまになる。かりに気がついたとしても、彼らには、目ざわりであったろう。その意味でも、言及をさけたのではないか。

いずれにせよ、「利益のために」変貌する景観は、そのまま見すごされた。社会科学方面からは、ほとんどなんの歯止めもかけられていない。そのせいもあってか、日本の都市は、ブルジョワの利益が景観を左右する場になっている。ブルジョワ的な価値観が、日本ではヨーロッパ以上に蔓延していることを、かみしめる。

機能主義美学のエゴイズム

安吾の「日本文化私観」は、必要こそが美をもたらすとのべている。ことさらにたくまれた美は、いらない。そういうわざとらしさは、かえって美をだいなしにする。ただ、必要におうじて過不足なくできあがったものこそが、美を体現するという。

建築畑では、こういう考え方を機能主義美学とよぶ。ヨーロッパでは、一九二〇年代から声高にとなえられだした。

日本でも、同じ一九二〇年代の後半から、議論としてひろがりだしている。建築にはうといという安吾の耳へも、これはとどいていたのだろうか。「日本文化私観」では、それをひそかに援用していた可能性もある。安吾を論じる文学研究者には、しらべてもらいたいところである。

一九三〇年代には、この機能主義を標榜した建築の実例も、あらわれだす。二〇世紀のなかばごろには、それが日本の主流的な理念となった。一九六〇年代いっぱいは、この考え方が建築界をおおっていたと思う。いや、一九七〇年代になっても、その力をたもっていただろう。

こう書くと、年配の読者からは、たとえばこんな反論がかえってくるかもしれない。うちの会社も、一九七〇年代に自社ビルをたてている。設計をうけおった建築士も、口では機能性を重視すると言っていた。だけど、できあがった建物は、ぜんぜん機能的になっていない。つかい勝手はひどかった。あの建築士にはだまされたと、今でも思っている。いったい、機能主義ってなんだったんだ、と。

機能主義は、なによりも必要性を重んじる考えである。会社の社屋なら、その執務内容、営業規模、従業員の動きなどから、形をきめていく。実務面の諸要件をつみかさねて検討をすれば、おのずと建築の形態はみちびきだせる。そうした理念をさしている。

しかし、それらの諸要件は、たがいに矛盾しあうことが多い。あちらをたてれば、こちらがたたないということも、しばしばある。執務効率を重んじれば、避難経路にしわよせがおよんだりするものである。

また、従業員数や業務内容は、時がたてばかわっていく。竣工後に、それらが変化をしてしまえば、竣工時の建築は、おのずとつかいづらくなる。

機能主義を言葉どおりになりたたせるのは、むずかしい。多くの失敗をかさね、建築家たちはその限界を実感する。機能主義の理念どおりには設計がすすめられないことを、思い知らされた。今は、機能で形をきめると、言いづらくなっている。

だが、多くの日本人は、それをざんねんなことだとうけとめよう。会社の実情にそくして社屋がたてられるのなら、それにこしたことはない。じっさいには困難なのかもしれないが、建築の設計は、そうあってほしいものである。今でも、可能なかぎり、機能面の充実はめざしてもらいたい。これが、平均的な日本人の建築観であると思う。

しかし、ヨーロッパの市街地でくらす住民たちは、なかなかそういうふうに考えない。オフィスをこの街区にもうけるのなら、新築はあきらめろ。景観統制をうけた建築群のなかに、あいているスペースをさがせ。どうしても、新たにたてるというのなら、既成の街並とあわせるようつとめよ。たいていの市民は、そんな建築観をいだいている。オフィスの増床をもくろむ経営者も、その束縛は自覚しているはずである。

自社の都合にあわせて、機能的に自社ビルを建設する。あちらでは、それをたいそうわがままなふるまいとして、うけとめる。街並との調和より、自社の事情を重視するのはエゴイスティックである、と。

そして、そういうビルは、よほどの事情がないかぎりたてられない。まあ、景観規制のある市街地からはなれて郊外へいけば、話はちがってくるが。

建主が必要とする条件にあわせて、建築家が設計を考える。それを、とりあえず良いことだとみなす日本人は、すでにのべたが多かろう。

そして、そんな日本人には、強いエゴイズムがゆきわたっていると、みなしうる。まわりの様子は気にとめない、自分さえよければいいという利己心が。あるいは、自己表現より周囲との調和を重んじる公共心が、欠如していると言うべきか。

機能主義は何をめざしたのか

くりかえすが、機能主義の理念は、一九二〇年代のヨーロッパに浮上した。建物の形は、必要性がきめてくれる。当時の、いわゆる前衛的な建築家たちはそうとなえ、建築の刷新をめざしたのである。

じゅうらいの都市建築は、歴史的な鋳型《いがた》に拘束されていた。伝統的な様式を、おしつけられている。だが、自分たちは、もうそういう遺制にしばられない。建築の形は、まわりの景観や歴史様式とかかわりなく、自分たちできめる。

機能主義の揚言は、以上のようなアヴァンギャルドの想いにねざしている。それは、伝統からの解放をもとめる、近代的な自我の雄叫びでもあった。

そして、ヨーロッパの古都で、彼らの主張はほぼ挫折したのである。郊外の工場や交通電信施設には、それがとりいれられることもあったろう。だが、市街地、とりわけ旧市街では、ほとんどみのらなかった。あちらの都市は、建築的なエゴをゆるさなかったと、言うしかない。

いっぽう、日本ではその機能主義が、全面的に開花した。二〇世紀のなかばごろには、大半の都市建築が、この理念で設計されるにいたっている。ヨーロッパでははねつけられた前衛が、日本ではうけいれられたのである。古都と言われる京都でも。街並などは気にしない、形は自分の都合できめるというエゴイズムが。

今の建築家たちは、さきほどものべたが、そぼくな機能主義をすてている。ポスト・モダンとよばれる、機能主義以後の途をあゆみだした。そして、それは、機能主義以上に、エゴを表面化させていこうとする。すくなくとも、その解放に歯止めをかける方向ではありえない。

そして、日本では多くの善男善女が、必要にそくした設計を、良い営為だと思っている。建築は必要におうじたスクラップ・アンド・ビルドでかまわない。そう書ききった安吾の「日本文化私観」も、エッセイの古典になった。

イタリアにかぶれてきた私などは、ただただせつなく感じるのみである。

世界へはばたく日本の建築家

鹿鳴館については、これまで何度もふれてきた。一八八三年にできた、外交用のクラブ・ハウスである。設計をしたのは、ジョサイア・コンドル。イギリスからまねいた、いわゆるお傭い外国人のひとりであった。

そんなコンドルの家系に、サイモン・コンドルという、やはり建築家がいる。英語の発音は、コンダーのほうが近い。しかし、表記は、慣例にしたがいコンドルとしておく。

そのサイモンが、一九九〇年に来日し、東京で住宅の設計にたずさわった。その折に、百年ほど前の遠縁となるジョサイアをしのぶ文章も書いている。「コンドルを訪ねて　私の祖先は日本で活躍していた」が、それである。大橋竜太の訳文が、『鹿鳴館の夢』（一九九一年）という本に、収録されている。これを、その訳文から紹介しておこう。

サイモンは、東京へきて、その都市景観におどろいたという。現代建築がならぶ様子には、新鮮な印象をいだいたらしい。そして、自分たちのロンドンやヨーロッパの都市をふりかえり、こうのべている。

「ヨーロッパでは、都市は本質的に公共的な存在であると長い間考えられてきた。ここでは、建物自体よりも建物の間の空間のデザインに優先権が与えられるべきであるとされている。そのため、都市は依然として、控え目で、慎み深く、大部分は同じようなものの繰返しのままとなっている」

ヨーロッパの街では、個々の建築に強い自己主張がない。みな「控え目で、慎み深く」、没個性的にできているという。いっぽう、東京にはつぎのような感想をいだいたらしい。

「急速に発展した都会の街並み、心をときめかせる新しさ、東京には表現豊かな建築をつくる機会が限りなくあるように思えた」

個性的な建築が、いくつでもたてられそうな都市であるという。これが、サイモンの第一印象であった。

イタリア人のグラッセッリは、乱雑な東京の街並にあきれている。しかし、イギリス人のサイモンは、そんな東京をうらやましがっていた。野心的な建築家に機会をあたえてくれる、ヨーロッパとは、まったくちがう街だ、と。

ブルジョワたちは、「利益のために」都市の姿をかえていく。その点では、「何でもあり」と言えるほどの権限を、獲得した。おかげで、統一性のない景観、あるいは「表現豊かな建築」のならぶ街並ができあがる。

この状態を、グラッセッリは、そして私もにがにがしく感じている。だが、サイモンは同じ様相を、羨望のまなざしでながめていた。同一の景観も、見る目がことなれば、ちがってうつるということか。

いずれにせよ、この状態が現代の建築家をはぐくみやすくしていることは、うたがえない。「何でもあり」という自由な環境で、建築家たちは、腕を発揮することができた。造形的な冒険をこころみるチャンスも、あたえられている。そこを足がかりとして、日本の建築家たちは世界へはばたいたのだと考える。

日本が建築文化をうやまう国であったとは、とうてい思えない。築七百年におよぶ物件を、フィレンツェ市は市役所の一部として、つかいつづけている。戦災でこわされた多くの建物を、あちらの都市はもとどおりに復元してもいた。たいせつな建築がこわされることをうれうあまり、国家は戦争さえやめることがある。

そんなヨーロッパ流が、今の日本人になじめるはずもない。行政庁舎などは、数十年おきにたてかえてしまう民族である。二〇世紀中葉以後の日本は、焦土のあとに、まったく新しい建築群をたてていった。対米戦争においても、建物を空爆で焼かれながら、三年以上もちこたえている。

建築は、その時どきに必要なものをたてていけばいい。みょうにりっぱな建物をこしらえて、それにとらわれるのは、おろかなことである。つかいすてで、かまわない。そう安吾が言いきったように、日本近代建築史はすすんできた。

そして、そんなやけくそめいた土壌で、多くの建築家はそだったのである。ブルジョワが新しい建築をつぎつぎにたてていく、その勢いにのってはばたいた。尊重はされないが、

ロンドンの市庁舎、シティ・ホール（イギリス）

それゆえに仕事の機会だけは、たくさんあたえられて。

ヨーロッパも、このごろは

一九九〇年に日本へきたサイモンは、ロンドンの街並を没個性的だと書いていた。都市景観は、「同じようなものの繰返し」でできている、と。

しかし、このごろは少しずつ、様子がかわりだしている。たとえば、ロンドン塔の対岸に、新しい市庁舎ができた（二〇〇二年竣工）。ゆがんだ曲面で、歴史的な街並には喧嘩をふっかけるような外観となっている。バッキンガム宮殿のそばでも、異化効果の強い建築がたちだした。

ロンドンにかぎった現象ではない。ヨーロッパの都市は、おくればせながら、建築の革新にむかいだしている。フィレンツェやヴェネツィアのように、その方向へふみきっていない街も、まだあるが。

また、中国やアラブの産油国でも、きわだつ現代建築への需要は、高まっている。そして、日本はそういうもとめにおうじうる人材を、以前からおおぜいはぐくんできた。「表現豊かな建築をつくる機会が限りなくあるように思え」る東京などを、舞台として。

建築家たちの国際的な雄飛は、こうした状況こそがあとおししているのだろう。なんであれ、日本人の世界的な活躍じたいは、めでたいことなのかもしれない。しかし、私じしんは、皮肉な現象だと思っている。それは、乱雑な街並の副産物でもあるのだから。

せめて、フィレンツェあたりには、その毒牙から身をかわしてほしいのだが。

あとがき

イタリアでは、よく地震がおこる。地震国のひとつである。石やレンガをつみあげた彼地の建物は、地震の横揺れに弱い。大きな震動があれば、わりあいたやすくくずれてしまう。じじつ、そのような災害は、しばしばくりかえされてきた。

にもかかわらず、と言っていいだろう。イタリアの人びとは、被災後、彼らの家屋などを、もとどおりにたてなおす。ふたたび石やレンガを高くかさね、震災前の姿をとりもどそうとする。

このさい、耐震性にすぐれた鉄筋コンクリート造の新建築をたてようとは、あまりしない。筋交《すじか》いの斜材をおぎない、地震にたいする抵抗力を強めようとも、してこなかった。あいかわらず、石やレンガで非力な組積造《そせきぞう》の建物を、えいえいとつくりつづけている。

イタリアびいきの私も、これには、ちょっとどうかなと考えこまされる。せめて、目に見えないところぐらいは、耐震補強をすればいいのになと、思ってきた。また、どこかには、その仕掛けがほどこされているのだろうと、思いたがってもいる。たとえば、壁のなかや、床と天井のあいだなどに。

しかし、表からうかがえる範囲にかぎれば、震災前後の建物は、ほとんどかわらない。たいていの物件は、もとどおりの姿に再建されている。言葉をかえれば、これまでの街並をまもりつづけることに、被災者たちもつとめてきた。

本文でも書いたが、くりかえす。ワルシャワは戦災で廃墟となった市街地を、前の姿と寸分ちがわぬように、たてなおした。少なくとも、再現に誤差は生じないよう、最大限の努力がはらわれている。あるいは、ドレスデンやローテンブルクをはじめとする諸都市でも。

こういうこだわりが、イタリアでも震災後の復興事業をささえているのだと考える。それだけ、ヨーロッパの人びとは、街並の維持に心血をそそいできた。現代の日本では考えられない保守性に、とらわれている。

伊勢神宮が式年造替のたびに、前と同じ形の社殿をいとなむことは、よく知られる。この執念は、日本の現代都市から、ほぼ一掃された。しかし、ヨーロッパの都市には、いきづいている。伊勢の精神は日本でなく、ヨーロッパにこそ生きていると、いっそ言いたくなってくる。まあ、そう言いきることは、まちがってもいるので、ひかえるが。

都市と建築の外観を見くらべれば、ヨーロッパはずいぶん古めかしくうつる。いっぽう、日本は、ヨーロッパよりずっと進歩的に見える。そして、戦後の社会科学はそこから目をそむけたと、私はくりかえし論じてきた。お前たちの目は節穴かと、そう言わんばかりの書きっぷりにも、およんでいる。

しかし、例外もないわけではない。たとえば、経済史家の中村勝己と社会経済学者の住谷一彦が、この問題を語りあっていた。そのやりとりは、中村の編著となる『マックス・ヴェーバーと日本』におさめられている。一九九〇年の著作だが、そこから該当するくだりをひいておく。

話は、中村が住谷に問う形で、すすめられた。中村は言う。ヨーロッパには、けっこう古い形がのこっている。学問の自由をうちたてた大学の教授会にも、ギルドの会議めいた外形が残存する。中味は新しくなっても、外の皮は古くさいことが、よくある。たとえば、つぎのようなことをどう思うかと、きりだした。

「歴史的な街を、日本だったら、ブルドーザーかパワーシャベルでぶっ壊して一新してしまうんだけれども、（著者註、ヨーロッパでは）元のとおりにして、中の設備だけを近代化しますね」

ヨーロッパの近代化は、建物の内部をくりぬく恰好で、くりひろげられてきた。そんな発言に、住谷はこうこたえている。

「内部くり抜き論で説明すると、それならばなぜ外側が崩されないで残っているかというところの説明が難しい」

「温存するならするだけの理由が現実に一定の力としてあるわけで、その力がどこから発生するかは、内部くり抜き論の中からは出てこない」

「大塚先生や南原先生、ある意味では丸山先生もそうだけれども、その『近代』論でそういう形の説明がなされ得るだろうか……」

内部の近代化が、外側の温存をともなったまま、ヨーロッパでは進行していく。今までの近代化論は、その外部を論じず、もっぱら内部を語ってきた。外の形がたもたれる説明は、できていない。大塚久雄や南原繁、そして丸山眞男のロジックにも、その点では限界がある。住谷は、以上のように語っている。

さがせば、ほかにもこういう指摘は、見つかるのかもしれない。ただ、今紹介したふたりの応酬が、そうとう例外的であったことは、うけあえる。日本の人文学、社会科学は、この点に鈍感であったと、言いきれる。

じっさい、中村と住谷も内部くり抜き論の当否を、この一ヵ所でしか語っていない。三十ページ近くにおよぶ質疑応答録で、それは一ページ弱しかしめていなかった。ただ、先駆的ではあったと考え、ここでも言及にふみきったしだいである。いずれは、斯界の人たちにも検討してもらいたい。

おしまいに、ヴェネツィア在住のイタリア人から聞かされた逸話を、紹介しておこう。

「大改造!!劇的ビフォーアフター」というテレビの番組がある。住宅の改築されていく様子を、うつしだす番組である。くだんのイタリア人も、日本へきたおりには、しばしばこれをながめてきた。

床が少しかたむいた物件を、修繕するという企画の時であったという。画面にでてきたリフォームの匠《たくみ》は、その床にビー玉をおいた。すると、ビー玉は、その場にとまらずころがりだしたらしい。

移動する玉を視線でおいながら、匠は言いはなった。やはり、いたんでいますね。床に傾斜ができている。なおしましょう。床をささえる束《つか》が、白蟻にたべられていたら一大事ですから。それに、床がかたむいたままだと、住み手の三半規管にも悪影響はおよぶでし番組を見ていて、彼は思ったらしい。ヴェネツィアの建物でなら、たいてい床におかれたビー玉はころがっていくだろう。それだけのことで欠陥住宅よばわりをされるのなら、ヴェネツィアの家はほぼ全滅。大半の家屋が問題をかかえていることになってしまう。

三半規管に悪いという話も、信じられない。ヴェネツィアの市民は、みなバランスをくずさずに街を歩いている。とりたてて、平衡感覚に難点があるとは思えない。日本人は、床の水平性ということにこだわりすぎているんじゃあないか。以上のようにも、私はつげられた。

まあ、木造の日本家屋で床がかたむけば、たしかに白蟻の可能性は高い。木で床をささえる度合の小さいあちらの家屋では、その可能性も低かろう。日本の匠が、床の傾斜を、よりきびしくうけとめることじたいは、私にものみこめる。

しかし、三半規管うんぬんは、あきらかにゆきすぎ。日本人の視聴者が、このことに神経質でありすぎることを、この物言いはしめしている。

それだけ、日本では新しいしつらいへの執着が強くなっていることを、かみしめる。三半規管への悪影響説には、建設産業のおためごかしめいた一面もあるだろう。われわれは、それだけスクラップ・アンド・ビルドにおいたてられているのだと、考える。

この原稿は、『小説幻冬』という文藝誌に連載された。話のクライマックスへ坂口安吾をもってきたのも、私なりに文藝を意識したせいである。発表の機会をあたえてくれた同誌には、感謝する。

毎回の執筆にたいしては、担当者の小林駿介氏からはげましの便りをいただいた。おかげで、ちょっとした作家気分も、私はいだくことができている。ありがとうございました。

少しくらいは、社会科学方面からの反響もあることを期待しつつ、筆をおく。

井上章一

本書は「小説幻冬」二〇一七年六月号から二〇一八年三月号に
連載された「結局、日本人とは何なのか？」を
改題し加筆修正したものです。

著者略歴

井上章一《いのうえしょういち》

一九五五年、京都府生まれ。
京都大学人文科学研究所助手、国際日本文化研究センター助教授を経て、同教授。
専門の建築史・意匠論のほか、風俗史、美人論、関西文化論など
日本文化についてひろい分野にわたる発言で知られる。
『京都ぎらい』など著書多数。

幻冬舎新書 497

日本の醜さについて

都市とエゴイズム

二〇一八年五月三十日 第一刷発行

著者 井上章一

発行人 見城 徹

編集人 志儀保博

発行所 株式会社 幻冬舎

〒一五一―〇〇五一 東京都渋谷区千駄ヶ谷四―九―七

電話 〇三―五四一一―六二一一(編集)

〇三―五四一一―六二二二(営業)

振替 〇〇一二〇―八―七六七六四三

ブックデザイン 鈴木成一デザイン室

印刷・製本所 株式会社 光邦

検印廃止

万一、落丁乱丁のある場合は送料小社負担でお取替致します。小社宛にお送り下さい。本書の一部あるいは全部を無断で複写複製することは、法律で認められた場合を除き、著作権の侵害となります。定価はカバーに表示してあります。

©SHOICHI INOUE, GENTOSHA 2018

Printed in Japan ISBN978-4-344-98498-1 C0295

い-30-1

幻冬舎ホームページアドレス http://www.gentosha.co.jp/

*この本に関するご意見・ご感想をメールでお寄せいただく場合は、comment@gentosha.co.jp まで。

幻冬舎新書

石川拓治
京都・イケズの正体

なぜ京都人は排他的で底意地が悪いと揶揄されるのか。丹念な取材と考察を重ねて千二百年の伝統「イケズ」の正体を解き明かしたとき、均一化して活力を失った現代日本再生の鍵が見えてきた!

小谷野敦
日本文化論のインチキ

「日本語は曖昧で非論理的」「日本人は無宗教」……いわゆる日本文化論には、学問的に論証されていない怪しいテーゼが多い。70年代以降の〝名著〟100冊余を一挙紹介、その真偽を一刀両断!

石井匠
謎解き 太陽の塔

実は岡本太郎は「太陽の塔」に九つの謎を仕込んでいた。それは何なのか。考古学者にして気鋭の太郎研究者である著者が、謎をはじめて解き明かす。「太陽の塔」の正体はイエス・キリストだった!

三浦佑之
金印偽造事件
「漢委奴國王」のまぼろし

超一級の国宝である金印「漢委奴國王」は江戸時代の半ばに偽造された真っ赤な偽物である。亀井南冥を中心に、本居宣長、上田秋成など多くの歴史上の文化人の動向を検証し、スリリングに謎を解き明かす!

幻冬舎新書

大野芳

吉田兼好とは誰だったのか

徒然草の謎

日本三大随筆の一つ「徒然草」の作者・吉田兼好は生没年ともに不詳で、その存在は藪の中にある。660年間ベストセラーであり続けた特異な随筆の作者像をノンフィクション作家があぶりだす。

半藤一利

歴史と戦争

幕末・明治維新からの日本の近代化の歩みは、戦争の歴史でもあった。過ちを繰り返さないために、私たちは歴史に何を学ぶべきなのか。八〇冊以上の著作から厳選した半藤日本史のエッセンス。

奥田昌子

内臓脂肪を最速で落とす

日本人最大の体質的弱点とその克服法

欧米人と比べ、日本人の体には皮下脂肪より危険な内臓脂肪が蓄積しやすく、がん、生活習慣病、認知症などの原因になる。筋トレも糖質制限もせず、おいしく食べて脂肪を落とす技術を解説。

柏井壽

京都の定番

「京都の定番」といえば、有名な寺社仏閣、京料理の名店、桜に紅葉に祇園祭。だが、知ってはいても、「正しい愉しみ方」について語れる人は少ない。京都のカリスマによる京都案内決定版。